空白の日本史

本郷和人
Kazuto Hongo

はじめに――日本史に潜む「空白」を埋める――

二〇一九年は、日本人にとって、これまでにないほどに「歴史」を肌で感じる機会が多い一年間だったのではないでしょうか。

天皇陛下の代替わりに伴い、四月には新元号の「令和」が発表。五月一日より、時代は「平成」から「令和」へと切り替わりました。

『万葉集』の梅花の宴を由来につけられた新元号「令和」ですが、元号発表の前後は、僕も毎日のようにメディアに駆り出されては、「元号はどんなものになると予想されるのか」「元号とはそもそもどんなものなのか」について、お茶の間の皆さんに解説する日々が続いておりました。

そして、二〇一九年十一月。平成以来の二十九年ぶりに、神道の儀式に則って執り行われたのが「大嘗祭《だいじょうさい》」です。皇位継承に伴う一世一度の重要行事として、世界中の注目を集めたのは皆さんもご存知の通りです。

天皇陛下が、神道の作法に従って儀式を行う。その事実に、日本全国の多くの方々は、当たり前の常識として、ほとんど疑問もなく受け入れていることでしょう。

でも、日本の歴史を紐解《ひもと》いていくと、その「常識」は、実はまったく当たり前ではないことがわかります。

古来より、神道よりも仏教のほうが、天皇家をはじめとする日本の社会に対して、強い影響力を持っていました。たとえば、天皇家の誰かが俗世を離れるとき、第二の人生として選んでいたのは出家、すなわち仏教の道でした。神道へ進む人はほとんどいなかったことからも、その社会的存在感がよくわかるのではないでしょうか。

さらに言えば、現代では日本全国の神社の頂点として崇められている伊勢神宮についても、一見、皇室とは長い歴史を持っているように見受けられますが、平安時代から江戸時代にかけて、歴代天皇が伊勢神宮を参拝したという記録は実はひとつも残っていません。飛鳥時代に持統《じとう》天皇が伊勢神宮を参拝した後、再び明治天皇が公式に伊勢神宮への参拝を開始するまでは、約千年の時間が空いています。

つまり、明治時代に皇室が伊勢神宮を重要視するようになるまで、神道には千年近くの

「空白の期間」が存在するのです。

このように、現代人が当たり前のこととして受け入れている日本史には、実は数多くの「空白」が残されているわけです。

なぜ、こうした歴史的な「空白」が生まれるのか。そこには、様々な要因が存在します。そのひとつが「文献史料による空白」です。

現代でこそ、我々は言葉に囲まれて生きていますが、まだ文字のない時代や、文字があっても一部の特権階級の人間しか文字を使うことがなかった時代については、当然ながら文字による記録はほぼ残っていません。史料がない以上、その時代の人々が何を考え、どう生きていたのかを知るのは、非常に困難を極めます。

また、文献が豊富に残る時代であっても、時代の背景や時の為政者の思惑によって、歴史観に対するタブーや誇張が生まれることもある。

歴史というのは、時とともに多くの人の手によって積み重ねられていくものです。しかし、途中で、誰かにとって都合のよい形で歴史が切り抜かれてしまったり、偏った歴史観を植え付けたりすることによって、歴史に空白が生まれてしまうことも起こりえます。

さらに、歴史の文献では、「時の為政者がどんなことをしたか」「それによって何が起こったのか」という大きな出来事を重要視しがちです。ゆえに、女性や庶民など、歴史の主役として重要視されてこなかった人々に関して残されている記述は、極めて少ない。それもある意味、女性史や庶民の歴史における「空白」を生み出す要因になっていると言えるでしょう。

では、この「空白」を、いかにして埋めるのか。それが、僕たちのような歴史研究家たちの仕事のひとつでもあります。

とはいえ、何の根拠もなく、想像力だけでストーリーを組み立てるだけでは、歴史とは呼べません。その「空白」をいかに科学的な根拠や論理に基づき、埋めていくか。それこそが、歴史研究家の手腕が問われるものでしょう。

本書では、これまで多くの人が当たり前のように捉えてきた日本史の中に潜む、九つの歴史的空白を取り上げ、僕なりの解釈でその「穴」を埋めていくという試みを行っています。

「空白」に焦点を当てることで、従来とは全く違う歴史観が広がることに、戸惑いを感じる人もいるかもしれません。ですが、その「空白」を見つめることで、新たな「日本」という国の歴史像が浮かび上がってくるはずです。

ひとつの時代の節目に立ち会える貴重な機会のなか、数々の「歴史的空白」を通じて、改めて日本という国の成り立ちを再構築してみてほしいと思います。

令和元年十二月

本郷和人

第1章 神話の世界 ——科学的歴史の空白——

第2章 「三種の神器」のナゾ ——祈りの空白——

第3章 民衆はどこにいるか ―― 文字史料の空白 ――

第4章 外交を再考する ―― 国家間交流の空白 ――

第5章 戦いをマジメに科学する――軍事史の空白――

第7章 日本史の恋愛事情――女性史の空白――

第8章 資料がウソをつく――真相の空白――

第9章 先達《せんだつ》への本当の敬意――研究史の空白――

第1章　神話の世界

——科学的歴史の空白——

「神武東征《じんむとうせい》」から見える、日本の国の成り立ち

「日本」という国が、そもそもどうやって成り立っていったのか。

これについては、あまり広くは知られていません。「日本列島とはどこか」と言われると、北は北海道、南は九州・沖縄までを連想しますが、何千年もの昔から、現在の日本列島がひとつの国としてまとまっていたわけではありません。

たしかに北海道については、明治以降に屯田兵《とんでん》によって開発された地であることは、小学校の歴史の授業でも習うため、多くの人が知るところでしょう。ただ、そのほかの土地については「昔から日本というひとつの国だったに違いない」との感覚にとらわれがちです。でも、それは大きな間違いです。

「日本」という言葉でひとくくりにされがちですが、かつてはその地には数多くの国が存在した。当時は、ほとんど文字資料が存在しない、まさに「空白」の時代です。だからこそ、実際に何が起こったのかを立証するのが非常に難しい。当時の日本列島で何が起こり、どのように国が成立するに至ったのかを立証するには、古代史研究者たちの工夫が求められます。

西暦七〇〇年ごろには『古事記』（七一二年に成立）、『日本書紀』（七二〇年に成立）など、日本でも様々な歴史書が編纂されますが、これら歴史書に書かれている話は「歴史」というよりは「神話」に近く、どこまで信憑性《しんぴょう》があるものなのかは、はっきりしません。

ただ、その他の文献資料がない以上、歴史書や古墳などから出土する土器、鉄器と見比べながら「こういうことがあったんじゃないか」と検証するしかない。

すると、時には、古代から語り継がれている神話の世界から、歴史のヒントを得ることもあります。

「神武東征《じんむとうせい》」という言葉を、皆さんはご存知でしょうか。

これは、日本の初代天皇である神武天皇が、宮崎県の高千穂峰《たかちほのみね》から出発し、瀬戸内海を東に進み、やがて大和に入り、神武天皇として即位するまでの神話の物語を意味します。

昨今では神話世界というものを、あまり子供たちには教えたがらない傾向があるせいか、「神武東征」の物語を知らない人も、案外多いようです。

さて、「神武東征」の話をする前に、簡単に日本の神話について整理をしましょう。

日本の神話に登場する神の種類は、大きく二つに分けられています。ひとつは、天照大神《あまてらすおおみかみ》を中心とした高天原《たかまがはら》の神々「天津神《あまつかみ》」。もうひとつは、出雲の大国主《おおくにぬし》など天孫降臨《てんそんこうりん》以前から日本にいる土着の神々「国津神《くにつかみ》」です。

「天津神」を中心とした神話世界は、天武天皇《てんむ》（？―六八六年）と持統天皇《じとう》（六四五―七〇三年）の治世あたりに整備されたと言われており、それ以前の日本では、「国津神」が活躍する地方発の神話が中心でした。

一番有名な国津神の神話といえば、なんといっても出雲神話でしょう。そして、西暦七〇〇年代に成立した『古事記』や『日本書紀』のなかでは、国津神の大スターともいえる須佐之男命《すさのおのみこと》や大国主命《おおくにのしのみこと》の活躍を、上手に高天原の神様と連動させ、一つの壮大な神話世界を形成することに成功しました。

日本の国造りを著《あらわ》した名曲『海道東征《かいどうとうせい》』

一方、天津神の神話の中で重要なエピソードといえば「天孫降臨」です。

高天原という神々が住む国におわす天照大神は、自身の三代目の孫である邇邇藝命《ニニギノミコト》に「豊芦原《とよあしはら》の瑞穂国《みずほのくに》を支配しなさい」と命令を出します。命を受けたニニギノミコトが、高天原から日本の地に最初に降り立ったのが、宮崎県・高千穂峰だということになっています。

ニニギノミコトはしばらくその土地で暮らしましたが、天照大神から五代目の孫にあたる神倭伊波礼琵古命《カムヤマトイワレビコノミコト》が四十五歳になったとき、「日本を本格的に統治する準備が整ったので、拠点を東へと移そう」と、高千穂から大和へと向かうところから「神武東征」の物語は始まります。

なお、この「神武東征」をモチーフにして生み出されたのが、『海道東征《かいどうとうせい》』という曲です。これは、『海ゆかば』などの曲を手掛けた作曲家の信時潔《のぶとききよし》と、「からたちの花」や「待ちぼうけ」などの作詞家である北原白秋《きたはらはくしゅう》が生み出した交声曲で、日本の国造りにおける一大スペクタクルをモチーフにした大変な名曲です。

信時潔は、戦前の日本古典音楽において、非常に大きな足跡を残した人物にもかかわらず、第二次世界大戦中の軍部との関係に強く責任を感じ、終戦後は東京芸術大学音楽学部の講師も退任し、第一線から引退。同時に、『海ゆかば』が大きなインパクトを持っていたため、彼の作った曲は、戦後では公の場ではなかなか演奏されなくなりました。

ただ、彼は、軍に関係する音楽以外にも意外なところで歌を残しており、多数の大学や高校、小学校の校歌も手掛けた人物なので、もしかすると皆さんも耳にしているかもしれません。実は僕が住んでいるエリアにある市川市立八幡《やわた》小学校の校歌も、作曲は信時潔が、作詞は国文学者として知られる折口信夫《おりくちしのぶ》が手掛けています。

さらに、僕の場合は、妻が信時の大ファンなので、同伴で行ったコンサートなどでその楽曲を聞く機会がたまにあるのですが、その音楽性は大変すばらしい。戦前の作品だからといって、こうした名曲が抹殺されるのは、非常に勿体《もったい》ないことだと思います。

「神武東征」に話を戻すと、宮崎県高千穂を出発した神武天皇は、船で瀬戸内海を渡り、奈良県にある大和へ向かいます。これらの話はあくまで神話ではありますが、実在した地名などの具体的な描写が続くため、何らかの歴史的事実を踏まえて書かれたのではないかと考えられる。もっと言えば、日本という国ができる前には、日本列島にはいくつかの小規模な国があったのではないかと推測できます。

本来ならば、日本の初代天皇と言われる神武天皇をはじめ、代々の天皇が葬られている天皇陵を発掘し、科学的に分析するのが効果的なやり方だとは思いますが、宮内庁が天皇陵の発掘を禁止している以上、検証することは難しいでしょう。

神武天皇自体は実在の人物とはとても思えませんが、おそらく誰かしら九州の方からやってきた有力者がいたのでしょう。その人物が畿内《きない》にある大和に入り、国造りを手掛け、周辺の国々を屈服させていった。その積み重ねによって、日本というひとつの集合体ができたのではないかと考えられます。

古代日本は「西型国家」だった

日本という国が最初に産声《うぶごえ》を上げたとき、大和朝廷は日本の西側を統治していたものの、東北や関東といった「東側」に対しては、あくまで辺境の地だとみなしていたのだと考えられます。

関東地方の埼玉県稲荷山《いなりやま》古墳で西暦五〇〇年頃の天皇（当時は大王《おおきみ》）の名が記された鉄剣が見つかっていることなどからも、東側にも多少なりとも天皇の支配が及んでいたと考えられますが、おそらくは、関東や東北を統治の対象としてまじめに取り上げることすらしていなかったのでしょう。

では、当時の大和朝廷が目を向けていたのはどこだったのか。

それは、朝鮮半島です。古代史の研究者の間では、朝鮮半島に日本の勢力がどのように影響力を持っていたのかは、いまだ議論が分かれるところです。韓国の主張では、日本の支配下にあった土地など存在しない。一方、日本はそれなりに日本の支配が朝鮮に及んでいたと主張する。

『古事記』や『日本書紀』では、日本が新羅《しらぎ》に出兵し、朝鮮半島を制圧したとされる神功《じんぐう》皇后の三韓征伐《さんかんせいばつ》が記されていますが、これもあくまで神話世界の話。どこまでが、現実に起こった話なのかは判断しかねます。ただ、当時の大和朝廷が支配の眼をどこに向けていたかということになると、東北や関東といった「東」ではなく、朝鮮半島など「西」の方を向いていたことは、明らかです。

昔から、「西」にある朝鮮半島や中国大陸は、日本に新しい文化や品々を持って来てくれる大事な地域でした。仏教や新しい品物も、みんな西からやってくる。昔の人々の法名を見ると、信西入道《しんぜいにゅうどう》や西行《さいぎょう》、願西《がんさい》など、「西」という字が付く人はたくさんいるのですが、「東」が名前につく人は全然いません。これは、阿弥陀仏《あみだぶつ》が西方浄土を唱えているからだけではなく、昔から日本では「西」にあるものは尊い存在だと思われていた証拠でしょう。

一方、「東」にある関東は、特に大和朝廷に実りをもたらさない場所。言ってしまえば田舎者が集まる場所という認識でした。西と東、どちらを朝廷が重視するかは、自明です。

当時の朝廷が見ていたものは、国内にある東ではなく、海を越えた先にある西の国だった。こうした視点を押さえておかないと、古代における日本の国造り、国家の形というものが見えづらくなってしまいます。

時代の転機となった「白村江《はくそんこう》の戦い」

朝鮮半島という「西」に目を向けていた大和朝廷。そんな時代の大きな転機となったのが、六六三年に起こった白村江《はくそんこう》の戦いです。

白村江の戦いは、当時日本が持っていた朝鮮半島での利権を守るため、天智《てんち》天皇（六二六―六七二年）が現在の朝鮮半島にあった百済《くだら》の残党と連合軍を組み、朝鮮半島へ出兵したことから始まります。対するのは、朝鮮統一の動きを示していた朝鮮半島の一国・新羅と、中国王朝の大国であった唐《とう》。その両軍が、朝鮮半島の白村江で決戦を繰り広げました。

結果は、日本と百済の連合軍の大敗です。日本の軍勢は海を渡って日本本土に逃げ帰ってきたわけですが、その敗戦とともに朝鮮半島での利権もすべて失われた。そのように、僕たち歴史学者は理解しています。

これ以前に、どのくらい日本に朝鮮半島における利権があったのかということについては諸説ありますが、少なくともこの白村江での大敗から、利権がすべてなくなったことは間違いありません。

そうなると、日本に軍勢が帰ってきた段階で、大和朝廷はもう朝鮮半島へ目を向けることができなくなってしまう。その後、新羅や唐が日本に攻めてくる可能性もあったため、白村江での敗戦の後、天智天皇は奈良県の飛鳥《あすか》から現在の滋賀県大津市にある近江大津宮《おおみのおおつのみや》へと遷都します。

これは、仮に新羅や唐の軍勢が日本列島に攻めてきた際、西方国家としては近江大津宮が地理的に大陸から一番遠い場所にあったため、防御に適した場所だと考えられたからでした。さらに念を入れて、天智天皇は、百済の将軍の指導を受けて、九州や近畿を中心に朝鮮式の山城の建築まで行っていたようです。

ただ、幸いなことに、日本は大陸から遠く離れている上、四方が海に囲まれているという地の利があったため、新羅や朝鮮に攻め込まれることはありませんでした。

そして、白村江の戦い以降、日本の国造りは大きく転換していきます。

壬申《じんしん》の乱で「東」から兵を募った大海人皇子《おおあまのおうじ》

その後、天智天皇亡き後は、弟である大海人皇子《おおあまのおうじ》（のちの天武《てんむ》天皇）と、息子である大友皇子《おおともおうじ》の間で、後継ぎ争いが勃発《ぼっぱつ》します。これが、かの有名な壬申《じんしん》の乱（六七二年）です。実は、壬申の乱の際、大海人皇子はこれまでにはなかった画期的な試みを行います。それは、兵を東から募るというもの。

なぜ大海人皇子が東から兵を募ったのかというと、一番の理由は西国の疲弊でした。白村江の戦いでは、朝鮮に向けて大量の日本軍が派遣されましたが、その兵がどこから集められたのかというと西国からでした。ここまでご紹介してきたように、当時の日本は西国中心国家です。だから、朝廷は西国から兵を集めて戦った。そして、ボロボロに惨敗してしまった。

異国との大きな戦いを経た西国は、当然疲弊しています。そこから、また新たに兵を集めるのは不可能に近い。そこで大海人皇子は、自分の本営を不破関《ふわのせき》（現在の岐阜県関ヶ原）のあたりに置き、東国から集めた兵士と共に、戦いました。

その戦略は見事に当たり、大友皇子の軍勢を圧制し、壬申の乱で勝利を果たしたわけです。この勝利をきっかけに、これまで「田舎者の地」として無視されてきた東国の存在を、大海人皇子、すなわち天武天皇は強く意識するようになったと僕は見ています。

関東からの勢力を防ぐために「三関」を置いた朝廷

大海人皇子は壬申の乱で不破関に本営を置き、近畿地方を攻めました。その後、天武天皇として即位した後は、戦いで培った経験に基づいて、近畿につながる道に三つの関を置きます。

まず、北陸道を抑えるため、福井県に置いた「愛発関《あらちのせき》」。東山道を抑える岐阜県の「不破関」。そして、関東と近畿地方を結ぶ東海道には、三重県に「鈴鹿関《すずかのせき》」を置きました。この三つを総称して、「三関《さんかん》」と言います。

以降、天皇が亡くなって、新しい天皇が即位するなど、朝廷で大きな政治事件が起きると、必ずこの三つの関を封鎖する「固関《こげん》の儀式」を行うようになりました。この儀式に対して、「近畿地方にいる悪人を、関東地方へ逃がさないために関所を閉ざすのだ」と言う研究者もいますが、僕はその逆だと思っています。

天皇が亡くなれば、政治的に世の中は不安定になります。その機をとらえて朝廷に対して反逆する勢力が、京都へ攻めてくることを防ぎ、近畿地方を守ることこそが、「固関の儀式」の大きな目的ではないか。

この説は、関所の方向が、すべて近畿方面から「東」を向いていることからも、想像できます。逆を言えば、近畿から西向きの場所には関所はありません。それは、当時の朝廷が、西側から対抗勢力が来るとは考えていなかったからだと考えられます。

西側単体で見れば、朝廷に対する敵が生まれないほどにきちんと統治できていた。でも、東には何がいるかわからない不安がある。だから、よく実態がわからぬ関東からの勢力を防ぐため、三関を置いたのではないかと僕は思っています。

なお三関の東、という意味で「関東」という言葉が使われ始めたのは、西暦七〇〇年ぐらいからです。でも、その反対に「関西」という言葉が使われるようになったのは、明治時代以降です。

なぜ「関西」という言葉が、長い間生まれなかったか。それは、「〝関〟の〝西〟側」は、自分たち日本なので、わざわざ「関西」と呼称する必要はなかったからです。

関東地方は、「関の東側」で、田舎で辺境の地。だからこそ「関東」と呼び、西側と区別をしていました。

関東と東北という日本列島の色分け

当時の関東地方には、現在の中部地方も含まれていたようです。でも、大和朝廷の勢力が東に及ぶに従って、関東地方はだんだん狭くなっていき、我々が考える現在の関東地方になっていったと考えられます。そして、関東の奥には、「道の奥」、みちのくという東北地方がある。そんな形で、日本列島は色分けされていきました。

ただ、古代の関東や陸奥《みちのく》が、文化的に遅れを取っていたかというと、決してそんなことはありません。

たとえば、奥州平泉《おうしゅうひらいずみ》には、八五〇年に創建された「毛越寺《もうつうじ》」というお寺があります。寝殿造りの立派な庭園があり、奥州藤原《ふじわら》氏を語る上では欠かせない場所で、特別史跡に認定されています。

奥州平泉は、東北にあり、当時は陸の奥にある場所、すなわち「陸奥《むつ》の国」と呼ばれていました。陸奥に隣接する国として存在したのが、上野《こうずけ》（現在の群馬県）、下野《しもつけ》（現在の栃木県）があった「毛《けぬ》の国」や、越前《えちぜん》（現在の福井県）、越中《えっちゅう》（現在の富山県）、越後《えちご》（現在の新潟県）があった「越《こし》の国」でした。

最初に僕が「毛越寺」という名前を聞いたときは「変わった名前だな」と違和感を持ったのですが、僕の師である歴史学者の五味文彦《ごみふみひこ》先生は、これは「隣国である毛の国・越の国にも、こんな立派な寺はない。このあたりの地域で一番の寺である」という意味で、「毛越寺」という名をつけられたのではないかとおっしゃっており、非常に納得しました。

現在では、すでに建物は焼け落ちてしまったものの、発掘してみると、立派な礎石がいくつも保存されており、その礎石に基づくならば、昔は宇治平等院《うじびょうどういん》クラスの建物が二つも三つも並んでいたようです。これだけ立派な建築物を作ることができる陸奥の国や、その近隣国として比較される毛の国、越の国は、それなりの力を持っていたことがよくわかります。

なぜ日本では「城壁」が作られなかったのか

なぜ、高い文化を持つ関東や東北の国々は、力を持っていたのに朝廷に対抗しなかったのか。その理由については、「科学的史料の空白」により、明確な根拠を出すことはできません。

でも、僕の推論では、おそらく、朝鮮や中国の文化を手に入れた大和朝廷が、その優れた文化を示した結果、関東や東北の国々は自然に従属し、降伏したのではないか。また、実際に、当時の日本列島全体が、朝廷によってどれだけ支配されていたのかといえば、それほどきちんと影響力を持っていたわけではないでしょう。

少なくとも、当時の朝廷が、関東や東北と大きな戦を繰り広げて、制圧したとは考えにくい。その手掛かりとして、最近僕が重要視するのは、平城京や平安京の都市の在り方です。

当時の大和朝廷は、先端文化を持つ中国へ、日本のトップエリートを遣唐使として送り込み、様々なことを学ばせていた。だから、中国の都市の在り方も朝廷は当然知っていました。それにもかかわらず、中国や韓国の都市の在り方と、日本の都市の在り方には決定的な違いがある。それは、城壁の有無です。中国や韓国の都市では、必ず敵から都市を守るための城壁が存在します。ところが、日本の平城京、平安京には、城壁は無い。なぜ、こんな大きな違いが生まれたのでしょうか。

　都市に城壁を構えるのは、中国や韓国だけではありません。ユーラシア大陸を大きく俯《ふ》瞰《かん》したとき、ヨーロッパの都市国家では、必ずと言っていいほど城壁が存在します。多くの映画や漫画では、街を攻めるために塀を乗り越えることが、ひとつのテーマにもなるのはそういう理由。たとえば、秦《しん》の始皇帝《しこうてい》が中国全土を統一していく過程を描いた大人気漫画『キングダム』でも、戦争の際に最初に攻めるのは、必ず城壁です。ある都市を自分のものにしようとするには、必ず城壁を攻撃するのが定石でした。

　興味深いのは、「城壁を乗り越える」という課題に対して、全人類はだいたい似たような武器を作るという点。たとえば、石を遠くに飛ばすための投石器や、城門にぶつけるための大きな丸太。それに、矢が当たらないように屋根を付けたり、近寄るために車輪を付ける。こうした武器は、ヨーロッパも中国も作っています。

　さらにおもしろいのが、「攻城塔《こうじょうとう》」という火《ひ》の見櫓《みやぐら》のような兵器です。これは、櫓に車輪が付いているので、ゴロゴロと押しながら、攻撃をかわして塀に近づくことができます。内部は人が登れるため、塔が壁に辿《たど》り着くと、上にある櫓部分からどんどん兵隊が出てきて、城壁に取り付くことができる。この兵器は、ヨーロッパやアジア全域、各地で開発されました。そんな武器が東西問わずに誕生するのは、ひとえに城壁があってこそ。ですが、なぜか日本では城壁は作られませんでした。

東北は「実態は不明だが、そういう土地があるらしい」

では、日本に城壁を作る技術がなかったのかというと、決してそんなことはありません。中国に遣唐使を派遣しているので、城壁を作る技術を学び、持ち帰ることは簡単だったはず。でも、中国へ渡った人間がその技術をわざわざ学ぼうとはしなかった。その理由は、おそらく当時の大和朝廷による治世が、かなりうまくいっていたから。もしくは、朝廷に対立する勢力が発生しても、大きな戦争になる前に、うまく鎮圧することができたからだと考えられます。

平城京や平安京のプランがアイデアとして誕生した時代、具体的に言うと天智天皇、天武天皇の時代であった西暦七〇〇年前後は、まさに日本という国が生まれた時代です。この時に、朝廷が防御設備である城壁を作らなかったのは、朝廷に対抗する勢力は日本には無かったからではないか。もし、朝廷に敵対する勢力がいて、大きな戦が起こるのであれば、平城京や平安京はもっと防御が固くなっているはず。つまり、朝廷は、東北や関東を

「強敵」だとはみなしていなかったのでしょう。

　ただ、朝廷が、東北を積極的に統治しようとしていたかというと、そういうわけでもなかったようです。その片鱗《へんりん》が現れるのが、天武天皇の時代です。天武天皇の時代には、日本各地は「国」という単位で分けられていきます。

「国」とは、おおよそ、今の「県」のこと。日本各地のエリアが非常に入り組んだ形で分けられていくのですが、境界線を区切る際には、自然条件が大きく影響している。たとえば、「ここには大きな川があるから、この川を国境にしよう」「ここに山脈があるから、この国とあの国を分けよう」などという次第です。

　このように自然条件によって線を引く方法は、明治政府が作った「県」と重なる部分があります。アメリカの州の境界線を見ていると、一直線に線が引かれていたりしますが、山や川など自然の影響をたくさん受けている日本の国土では、なかなか真っすぐな線で分断することはできません。

　ここで注目したいのは、東北地方です。まず、現在の青森県、岩手県、宮城県、福島県といった東海道側のエリアは、全部まとめて「陸奥国」という大きな国にひとくくりにされています。現在でも、岩手県や福島県は四十七都道府県でトップ5に入るほど、広大な土地を持つ県です。ひとつの県としても十分大きいのに、この東北4県をひとつの国として置いている。

さらに、日本海側にある秋田県と山形県も、「出羽国《でわのくに》」というひとつの国にまとめられています。きちんと治めようとするならば、それなりに分割して行政府を置くはずなのに、数少ない行政機関ですませてしまっていることから見ても、大和朝廷の東北統治に対するやる気のなさが伺《うかが》い知れます。

つまり、朝廷にしてみれば東北は「実態は不明だが、そういう土地があるらしい」程度の浅い認識しか持っていなかった。もしくは、当時の朝廷は東北に対してなんらかの影響力自体は持っていたものの、実質的には広大な土地をすべて抑えるだけの力はなかったのではないかと考えられます。

神武天皇の「海道東征」の話が仮に事実だったとしても、その当時に、大和朝廷を頂点として日本列島全体が強力なひとつの国にまとまっていたとは考えにくい。大和朝廷が治める西国と、朝廷から認知はされていたものの、ほったらかし状態だった東国。それが、「神武東征」が生み出された当時の、時代背景だったのではないかと思います。

日本の天皇は、なぜ「キング」ではなく「エンペラー」なのか

二月十一日の「建国記念の日」。

この日は、日本の建国を祝う祭日として、明治六年の一八七三年に定められました。当時は「紀元節」といっていました。

世界各国で「建国記念日」は存在しますが、なぜ現在の日本では「建国記念〝の〟日」と称されるのか。その背景にある「皇紀の虚偽」を紐解《ひもと》くことで、新たな「歴史史料の空白」を検証してみたいと思います。

まず、この「建国記念の日」ができた当時、明治政府は日本が万世一系《ばんせいいっけい》の天皇を頂点にした統治国家であることを、強烈にアピールをしようと考えていました。当時の日本は、近代国家として誕生したばかり。そのため、明治政府は、国内外に向けて、海外にはない日本のオリジナリティや存在感を示すため、日本という国が、長年に渡って天皇家というひとつの系譜に連なる血筋が治めていることを、最大限利用しようとしたのです。

こうした明治政府の活動が功を奏し、現在でも日本の天皇は、海外では「皇帝（Ｅｍｐｅｒｏｒ）」という称号を得ています。たとえば、英国王室のエリザベス女王の称号でさえ

も「女王（Ｑｕｅｅｎ）」であって、「皇后（Ｅｍｐｒｅｓｓ）」ではない。世界有数の伝統を誇る王室でさえも、「Ｋ・ｉｎｇ／Ｑｕｅｅｎ」と呼ばれるなか、日本の皇室は「Ｅｍｐｅｒｏｒ／Ｅｍｐｒｅｓｓ」という特別な称号を使用することが認められています。

明治時代には、エチオピア王室も「Ｅｍｐｅｒｏｒ／Ｅｍｐｒｅｓｓ」の呼称が使われていたそうですが、現時点では世界中でこの呼称が使われているのは、日本の皇室だけ。これは、明治政府が世界中に「日本の天皇家は万世一系である」と訴えた主張が、見事に影響していると言えるのでしょう。

諸説ありますが、少なくとも二十六代の継体《けいたい》天皇（四五〇？―五三一年）以降は、天皇家は一つの血筋でつながっているのだと考えられています。それだけとってみても、世界一古い王家であることは、間違いありません。

伝統を誇ることは、国の権威を増す作用がある

英国王室以外のヨーロッパ王室の血統は、古くとも十八～十九世紀前後のナポレオン戦争くらいから始まったものが大半です。

たとえば、スウェーデンの王様の場合、世継ぎが生まれなかったため、ナポレオン軍の将軍であったジャン＝バティスト・ベルナドットという人物が、カール13世の養子として迎えられています。ベルナドットは、自分が統治することになるスウェーデンの言葉は話せないにもかかわらず、です。

さらに、彼の配偶者であり、スウェーデンの王妃にもなったデジデリア・アヴ・スヴェーリエは、ナポレオンの元婚約者です。余談ですが、彼女は非常な〝福の神〟でした。ナポレオンも彼女と婚約していた時代は、どんどん出世していきます。その後、ナポレオンが彼女との結婚を一方的に破棄するものの、捨てられたデジデリアは、彼の部下であるベルナドット元帥と交際開始。いつの間にかベルナドット元帥はスウェーデンの王に迎え入れられ、デジデリア自身も王妃になっていた。そして、ここからスウェーデンの新しい王室が始まっています。

このように欧州の王室は、一八〇〇年代ごろに外国から来た人が、王となるケースが多い。そう考えると、日本の皇室がいかに古く、歴史と伝統を持っているかという話は、外国に向けて発信してもたいへんに誇らしいものです。

また、この主張は、国外だけではなく、国内に向けても、明治政府が中央集権国家を作る上での大きな武器になりました。

「天皇家は世界でも類を見ないほどに、古く、伝統がある。長い間、日本を見守ってきた天皇のために、国民が力を集めて頑張ろう」

こうした、非常にわかりやすいスローガンがうまく作用し、明治政府によって、日本という国はひとつの国へとまとめられていきました。

この例を見てもわかるように、「我が国には長い歴史がある」と主張することは、国内外に強い影響力をもたらします。

たとえば、お隣の国・韓国では、「韓国は五千年の歴史がある」と主張しています。一瞬、冗談のように思ってしまう主張ですが、韓国史の権威ある先生も、平気でこの説を話されます。

史実を見ても、到底ありえない説ではありますが、これらは、長年、隣国である中国や日本を意識した末に生まれた、「韓国は中国が掲げる四千年の歴史よりも長い歴史を持っている。だから、文化や伝統に関しても、中国や日本には負けていない」という韓国なりの主張なのだと思います。

伝統を誇ることは、国の権威を増す作用が明らかにあります。韓国の主張を見ると、明治時代の日本政府が「日本の皇室は伝統がある」と主張したことも、納得できるのではないでしょうか。

「天皇」を名乗るのは、中国と日本は対等な国であるという意志表示

現在の日本では、元号や西暦が使われていますが、明治時代に正式に採用されたのが、「皇紀」という暦《こよみ》でした。

この「皇紀」について語る前に、簡単に元号について説明します。そもそも日本に元号というものが定着したのは、天智天皇から、天武天皇、持統天皇の時代だと言われています。当時の日本は、朝鮮半島や中国を強く意識していました。ただし、白村江の敗戦により朝鮮半島から完全に撤退したことで、海外は意識せず、日本列島内だけで国造りをするという方向性が定まりました。

そこで、当時の為政者であった天武天皇は、まず日本全国に「国」を置きました。それから神話世界を整理し、天照大神を中心とした神話を作り、天皇は天照大神の直接の子孫であるという話を生み出した。神話世界と天皇をつなげることで、その権威を強力に箔付《はく》

けしたのです。当時の時代において、この行為は相当意味のあるものだったと考えられます。先にご紹介したように、当時の日本国内の状況から見ると、天皇の地位を脅かすような勢力は列島内には見られないので、国造りは滞りなく進みました。

元号が生まれるとともに、日本という名前も誕生します。また、古代の日本では王を指して「大王《おおきみ》」と呼んでいましたが、新たに「天皇」という呼び方に変えた。国の名前を変え、王の名前を変える。一見、簡単に見えますが、この行為は当時の朝廷にとっては、きわめて冒険的な挑戦だったろうと僕は考えています。

当時、朝廷は、日本の国の名前や王の名前を変えたことを知らせるために、中国へ遣《つか》いを出しています。

天皇という名前は、その漢字からもわかるように、「皇帝」と肩を並べる存在です。中国の皇帝にしてみれば、「こんなに小さな国の王が、そんな立派な名前を使うなんて不届きだ」と思う部分はあったと思います。皇帝の虫の居所が悪ければ、日本からの遣いは、捕まって首を切られてもおかしくはありませんでした。「もしかしたら殺されるかも」というほどの緊張感を持ちながら、「日本では、これから〝大王〟ではなく、〝天皇〟を名乗ります」と朝廷は中国へと遣いを出したことだろうと思います。

そして、この通達は、中国と日本は対等な国であるという意志表示でもあります。

独自の「元号」を持つことは、その国が独立国である証

漢字文化圏で考えると、東アジアの中心が中国だったことは、疑いの余地がありません。周辺にある朝鮮やベトナムは、中国が支配する漢字文化圏の優等生でした。ただ、一方で、朝鮮やベトナムの王様は、中国の皇帝の承認を得なければ、王様と認められることはできませんでした。

でも、日本は漢字文化圏の優等生になる道よりも、中国とは形の上だけでも対等な存在、つまり独立国である道を選びました。そもそも日本の場合は、もともと大王がいた。その上で、天皇を名乗ることを決めたわけで、ここで中国の皇帝の承認を得る必要はないと判断したのです。

そこで登場するのが、元号の存在です。

漢字文化圏の優等生である朝鮮やベトナムの王様は、中国の皇帝の認可を得なければ王を名乗れないのと同時に、元号を定める権利もない。中国の王朝が使う元号を、そのまま

使うことしか許されていません。つまり、独自の元号を持つことは、その国が独立国である証《あかし》でもあるわけです。

日本では、飛鳥時代に定められた「大化《たいか》」という元号以降、元号はずっと連綿と続いていきます。元号の空白期間が生まれたこともありましたが、七〇一年に定められた「大宝」の後は、その後もずっと元号が続いていきます。その点では、「大宝《たいほう》」の制定こそが、日本の元号の再出発と言ってもいいのかもしれません。

そして、いよいよ先ほどご紹介した「皇紀」です。「皇紀」とは、神武天皇が最初に即位した年を元年とした暦のこと。紀元前六六〇年を元年として数えられており、東京五輪が開催される二〇二〇年は皇紀二六八〇年にあたります。なぜ、紀元前六六〇年が神武天皇即位の年になったのかというと、そこには少し複雑な経緯があります。

まず、古来から日本の暦は「甲《こう》・乙《おつ》・丙《へい》・丁《てい》・戊《ぼ》・己《き》・庚《こう》・辛《しん》・壬《じん》・癸《き》」を表す十干《じっかん》、「子《ね》・丑《うし》・寅《とら》・卯《う》・辰《たつ》・巳《み》・午《うま》・未《ひつじ》・申《さる》・酉《とり》・戌《いぬ》・亥《い》」を表す十二支を組み合わせた、十干十二支で表していました。

そして、両者を組み合わせた数字である六十（10×12÷2）が、一つの周期になります。六十歳を「還暦」と称するのは、六十年という周期が一度巡ることで、また「暦が還る」

から。そして、還暦の人に真っ赤なちゃんちゃんこを贈るのは、「赤子に戻って、もう一度人生を生まれ直すから」だと言われています。

「皇紀」は、千二百六十年に一回の大革命の年「辛酉《かのととり》」に始まった

さて、十干十二支には様々な組み合わせがありますが、その中の五十八番目の組み合わせである「辛酉《かのととり》」は革命の年とされています。これは、中国由来の考え方で、漢の時代に生まれた儒教の考え方をまとめた書物『緯書《いしょ》』で唱えられた予言「讖緯説《しんい》」に由来するものです。

「讖緯説」によれば、六十年に一回の辛酉の年には、何かしら革命が起こる。さらに、六十年が二十一回続いたときの辛酉の年には、ただの革命ではなく、とてつもない大革命が起こると言われていた。六十年×二十一回ということは、千二百六十年に一回のペースで大革命が起こるという計算になります。

その説に基づき、明治初頭の歴史学者たちは「前回、大革命が起こった辛酉の年はいつだったのか」を検証します。そして、「聖徳太子がいた頃に起きた辛酉が、大革命の年だ

ろう」と結論づけたのです。

なぜ、聖徳太子がいた頃に、大革命が起きたとされたのか。その理由は、当時の日本では、日本の基礎を作ったのは聖徳太子だと考えられていたからです。近年の研究では「聖徳太子は本当にいたのか？」という論争もある上、日本という国の基礎ができたのは、天智天皇や天武天皇の時代だと考えられています。ただ、明治当初、彼は、十七カ条の憲法や官位十二階の制定、遣隋使の派遣、仏教の普及などに貢献し、日本の基礎を作った人物として、非常に重要視されていました。

だからこそ、「聖徳太子がいた時代こそ、日本という国ができた年である。日本ができた年こそ、辛酉の大革命が起こった年である。では、そのもう一つ前の辛酉の大革命の年とは何だ？　聖徳太子クラスの人物の関与ということであれば、ここそが、神武天皇が即位した年次であるに違いない」と、明治の歴史学者たちは考えた。

わかりやすく言うと、一回目の辛酉の大革命では神武天皇の即位があり、その千二百六十年後となる二回目の辛酉の大革命で、聖徳太子が国を作った。そう当時の研究者たちが結論づけた結果、神武天皇即位を原点とした「皇紀」が誕生しました。逆に言えば、この辛酉大革命という思想を受け入れていなかったら、皇紀というものは生まれなかったとも言えます。

その結果、紀元前六六〇年一月一日こそが日本建国の日になりました。ただ、これは太陰暦の日付なので、太陽暦に直すと二月十一日です。そこで、明治六年となる一八七三年に、二月十一日を「紀元節」とし、日本の建国記念日として定めました。

「この日を本当に日本の建国記念日としてよいのか」

戦前は紀元節に盛大なお祝いをしていたのですが、戦後になると、より冷静な考えが広まり、「この日を本当に日本の建国記念日としてよいのか」という疑問が浮かんできます。先に挙げたように、文献史料は何もないので、当然立証できない。ＧＨＱの意向もあり、戦後しばらくの間、建国記念日は日本から消えました。

ところが、一九五〇年代初頭、日本の国力が勢いを増したことで、日本に再び建国記念日を復活させようという動きが始まります。アメリカの独立記念日（七月四日）や、韓国が日本の統治から離脱した日を祝う光復節（八月十五日）のように、世界各国にその国の誕生日があり、それなりにお祝いをしている。ならば、日本にも国の誕生日があっていいだろう、と。

ただ、いざ日にちを決めるとなると、右派と左派の間で、かなり大きな論争が繰り広げられることになります。右派としては、「紀元節」に則って、以前と同じ二月十一日を推薦する。でも、左派側は、「二月十一日が建国記念日である科学的根拠がない」として猛反対する。たしかに、紀元前六六〇年に神武天皇が存在したという話自体が、まったくの神話世界の中の話であるため、何の根拠もない。こうした主張については、右派側も認めざるを得ません。

神話の世界の話を「これぞ、日本の歴史」だと主張することは、さすがに近代国家では通用しません。そこで、苦肉の策として生まれたのが「建国記念の日」です。つまり、「建国記念日」とは言わず、「建国記念〝の〟日」とすることで、日本の建国をお祝いする日にしよう。それならみんなが納得できるのではないか。そんな事情で、「建国記念日」の間に、「の」という一文字が入ります。この「の」はいわば、大人の配慮の結晶だったと言えるでしょう。

そして、こうした苦心の末、一九六六年、安倍晋三《あべしんぞう》首相の祖父・岸信介《きしのぶすけ》の弟である佐藤《さとう》栄作《えいさく》内閣の下で、「建国記念の日」が制定されました。

時に「日本は神の国だ」と言い出す政治家がいますが、日本の皇室が、神の子孫だというのはあくまで神話の中のお話で、科学的根拠はまったくありません。ただ、二十六代の継体天皇以降は、現代に至るまで血がつながっていることは、間違いない。紀元前六六〇年ではないにせよ、それでも世界的に見たら群を抜いて古い王家であることは、きちんと僕たち日本人は踏まえておいたほうがよいのではないでしょうか。

もちろん「古いものが優れているわけではない」という議論も当然上がってきますが、長ければ長いほど伝統は育まれますし、時の積み重ねは重いものです。皇室に関する新たな議論が出るたびに、そこは冷静に話し合っていくべきではないかと僕は考えます。

「皇国史観」と歴史学の関係

日本史の「科学的根拠の空白」を語る上で、避けて通れないのが皇国史観と歴史学の関係です。「皇国史観」とは、日本の歴史は万世一系の天皇を中心として進展してきたとする歴史認識のことです。

この考えを最初に生み出したのは、明治維新を成し遂げ、明治時代を切り開いた元勲《げんくん》たちでした。ただ、当時、この考えを生み出した彼ら自身が、天皇にそこまでの忠誠心を持っていたのかという点については、甚《はなは》だ疑問の余地がある。もっと言えば、実はその態度は、あくまで表向きのものだったのではないかと考えられます。

時に、「玉をとったほうが官軍である」との言葉が使われたこともあったように、天皇を指して「玉《ぎょく》」と呼ぶことがあります。明治政府の元勲たちが天皇の信頼を得ようと躍起になるのは、天皇の威信を借りるため。ゆえに、その行為を「玉の取り合いだ」と表現することもありました。こうした功利的な態度を見るだけでも、明治政府の人々にとって、天皇に対して忠誠を尽くすという考えが、どこまで彼らの血肉になっていたのかはわかりません。

大逆《たいぎゃく》事件裁判で幸徳秋水《こうとくしゅうすい》が口にした爆弾発言

では、なぜ明治政府の元勲たちが、建前上でも天皇を頂点へと担ぎ出したのか。それは、あくまで、天皇を中心において、日本を強力な中央集権国家として成立させたかったから。さらに言えば、国を富ませ、兵を強くし、西欧列強に負けない国を作ろうとする富国強兵を目指していたからでしょう。

その証拠として考えられるのが、明治末期の一九一〇年に起こった大逆事件《たいぎゃく》です。「大逆」とは、皇族の弑殺《しいさつ》を意味し、それに関連する犯罪のことを「大逆事件」と呼びます。この事件では、幸徳秋水《こうとくしゅうすい》（一八七一―一九一一年）を中心とした二十六名の社会主義者たちが、明治天皇の爆殺を企てたという罪状で、逮捕、起訴されます。幸徳秋水たちは死刑となりました。

ただ、後の研究で、この事件は、どうしても幸徳秋水たちを逮捕したかった政府や警察による濡れ衣だったと判明しています。汚名を晴らすべく、現在、幸徳秋水は出身地である高知県四万十《しまんと》市議会による名誉回復の決議も採択されています。その他にも、和歌山県出身の医師・大石誠之助《おおいしせいのすけ》（一八六七―一九一一年）も、貧しい人からは診療代をもらわずに診察するような立派な人物であったにもかかわらず、処刑されています。なお、彼についても、二〇一八年になってようやく、彼の出身である和歌山県新宮《しんぐう》市が、その功績をたたえて名誉市民にすることを発表し、名誉が回復されました。

大逆事件は社会的に大きな注目を浴びたのですが、特に注目を引いたのが、裁判の際に幸徳秋水が口にしたといわれる爆弾発言です。それは、「今の天皇は北朝の子孫である。

政府は南朝こそ正当だと言っているわけだから、今の天皇は偽物じゃないか」というもの。本当に彼がこう言ったのかどうかは定かではないものの、この発言は、当時の新聞で非常に大きく報道されてしまいました。

実は当時の明治政府は、「南朝こそが正統である」と公言していました。ゆえに、「じゃあ、北朝の子孫は偽物なのか」と考えるのは、自然な流れです。みんなが密かにそう思っていながら、「言ったらまずいだろう」と思って忖度《そんたく》していたものを、幸徳秋水が口にしてしまった。

しかし、この幸徳秋水の発言にびっくりしたのが、当時の大政治家だった山県有朋《やまがたありとも》（一八三八―一九二二年）。あまりに驚いた山県が「天皇の正統性の問題を何とかしろ！」と、時の政府に駆け込んだという逸話も残っています。

政界から歴史学者に突き付けられた課題「天皇の正統性」の証明

当時、この事件について明治の元勲たちがどう考えていたのかについては、平民宰相として知られた原敬《はらたかし》（一八五六―一九二一年）がこの頃に書いた日記から、伺うことができます。このとき、原は山県有朋の第一の子分と言われた桂太郎《かつらたろう》に、「天皇を研究対象とすることについてどう思うか」と聞いた。すると桂は「学者が学問として天皇の研究を行うことは、一向に苦しからず」と答えた。つまり、天皇を学問対象として研究することは不遜でも不敬でもない、ということ。この意見に対しては、原敬も「全く同感である」と語っています。

一部には、乃木希典《のぎまれすけ》（一八四九―一九一二年）のように明治天皇崩御の際に、自分も後を追って割腹自殺をする軍人もいる一方で、少なくとも大逆事件があった一九一〇年（明治四十三年）当時は、政府首脳陣にも天皇を科学的に冷静に分析するという視点があったということです。

ただ、この大逆事件の幸徳秋水の発言をきっかけに、歴史学の存在が、少し危うさを持つようになります。つまり、「万世一系の天皇」は神聖にして、この世に二人といるはずのない存在です。そのため、「我々日本人を導く天皇家は正統な存在であるということを、何とかして証明せよ」との課題が、政界から歴史学者たちに突き付けられたのです。

社会全体は、大正デモクラシーによって解放的な時代に向かっていく中、歴史学にとっては、非常に重苦しい時代へと突入していくことになります。

「皇国史観」を主導した平泉史学

最初に明治維新を成し遂げて、天皇の威光で日本を強力な中央集権国家にしようとしたのが、先ほど登場した原敬らによる第一世代だとします。ところが、これに続く第二世代、第三世代になると、思想が少し変わり、「天皇は偉大である。だから全国民は天皇に命を惜しまず忠誠を尽くすべし」という危ない方向へと転換していきます。

同時に天皇への捉え方にも、変化が生まれます。第一世代が掲げていた「天皇は万世一系で古い血筋である」という主張も、第二世代、第三世代になると、「皇室は万世一系で、古い。だから、偉い」という形へと変容していきます。彼らは論理をさらに発展させ、「東アジアの国々は、西洋の国の植民地から脱して、日本をリーダーにするべきだ」と考えるようになり、この思想が後の八紘一宇《はっこういちう》や大東亜共栄圏へとつながっていくのです。

アジア諸国が西洋列強の植民地支配をはねのけて、アジア人として独立すべきとの考え方に関しては、僕は否定しません。でも、その中に「日本が先頭に立つべきだ」という部分が含まれているのは、あまり威張れた話ではない。

このとき、「日本がリーダーになるべきだ」と当時の政府が考えた理由は、日本は東アジアの国の中で唯一近代化を成し遂げたという実績があったこと。もうひとつの理由は、天武天皇や持統天皇が国を治める時に打ち出した、「日本の君主である天皇は、天照大神の直接の子孫である」というイデオロギーがあったことです。

我々日本は東アジアで唯一の近代化を成功させた国である。それと同時に、我々日本は万世一系の天皇家をいただいている。だから偉い。この二つのイデオロギーが、明治維新後の第二世代、第三世代によって、前面に打ち出されていきます。

そして、この時期から、歴史学においても「万世一系の天皇は優れている」という考え方を中心とした歴史、すなわち「皇国史観」を展開することが、要請されていきます。旗振り役を担ったのは、平泉澄《ひらいずみきよし》（一八九五―一九八四年）という人物です。

平泉は歴史研究者でしたが、まさに皇国史観の主導者でした。東京帝国大学を首席で卒業した秀才で卒業後は東京大学文学部国史学科、現在の日本史学研究室の助教授から教授へと順調に出世していきました。

天皇が手段であることを忘れ、目的になってしまった人たち

平泉と皇国史観を語る上で、僕が在籍する東京大学史料編纂所で語り継がれる、ひとつの逸話をご紹介しましょう。

史料編纂所には中村吉治《なかむらきちじ》さんという偉大な先輩がいるのですが、中村さんは平泉のお弟子さんでした。ある時、平泉が「中村君、君はどんな論文を書きたいんだね？」と問うた時に、中村さんは「農民や一揆《いっき》などに興味がありますので、農民の動向について分析してみたいと思っています」と答えた。そこで、平泉が返したのが「豚に歴史はありますか？」との言葉だったそうです。

つまり、平泉は「農民は、豚のような家畜と同様で、歴史などない」と考えていた。これが皇国史観の真髄だったのです。こうした平泉のような人物に主導されていった結果、統治する側だけの視点から見た、一方的な歴史が語られていくことになります。

戦後になり、価値観が変わり、天皇を中心とする歴史が否定されます。平泉は、ポツダム宣言の三日後である一九四五年八月十七日に、東大を辞職。その後は、故郷に帰ります。ただ、彼は、決して落胆した様子はなかったそうです。むしろ、『神皇正統記《じんのうしょうとうき》』を書き、

南朝の後醍醐《ごだいご》天皇と共に京都を追われ、吉野へと向かった北畠親房《きたばたけちかふさ》に自分をなぞらえ、余生を過ごしたと言われています。

もちろん、いかに平泉が皇国史観を主導したとはいえ、一人の力で作り上げたわけではありません。皇国史観を強力に推進する上で、彼を支えたもの。それは、先ほども登場した明治維新後の第二世代、第三世代と僕が呼んでいる、「天皇が手段であることを忘れ、目的になってしまった人たち」です。彼らが平泉を必要とし、平泉を後押しする勢力になりました。

おそらく、平泉が出てこなかったとしても、この時代には第二、第三の平泉が生まれ、歴史学会の中心に座ることになっていたでしょう。

皇国史観の反動で生まれた、マルクス主義的歴史観の弊害

戦後に入って、否定されるようになった皇国史観ですが、これによって歴史学は非常にまずい事態にさらされます。皇国史観は、天皇を中心に据えた、非常に極端な歴史観です。

これについては、平泉も「歴史学は一種独特な学問であり、芸術と一緒だ」と語っていま

す。

なぜ、歴史が芸術に近いのか。神話の世界は、資料がない以上、どうやっても実証できません。でも、そこで「史料が空白だから、神話は神話の世界の話。事実ではない」と言っていいては歴史が成立しないため、皇国史観の中では、神話を歴史的な事実としてとらえています。そこで平泉が言ったのは「我々にできることは信じることしかない」という言葉です。でも、信じるだけなのであれば、それは本当の学問とは言えません。

さらに、戦前に皇国史観によって「神話を信じる」という極端な歴史観に振り切ってしまったがゆえに、戦後は、その反動で、新たな振り切った歴史観が生まれます。それが、唯物史観を重んじるマルクス主義的な歴史観です。

マルクス主義的な歴史観は、「貴族vs武士」「武士vs民衆」というように、階級的闘争として歴史を見るという特徴があります。また、有名な武将や貴族ではなく、名もなき一人の農民などの庶民を主人公とした歴史のほうが大切であるという見方でもあります。

たとえば、奈良県にある法隆寺は世界最古の木造建築であり、日本人の宝です。でも、極端なマルクス主義的な視点で考えると、「いやいや、法隆寺はブルジョアが作ったものだからダメ。法隆寺内には建築に携わった大工が残した落書きがあるが、そちらのほうが当時の庶民の感覚を反映しているので、大事な遺物だと言える」となる。これが、行き過ぎたマルクス主義的歴史観の考え方です。政治的な視点に立てば、日本の歴史観は、この時期に右から左へと大きくシフトしていったと言えます。

ただ、マルクス主義的歴史観を全面的に取り入れるとなると、こちらもかなり荒っぽく、無理のある歴史観が生まれてしまう。実際、この見方が暴走した故《ゆえ》に起こったのが、中国の文化大革命です。

ご存知のとおり、中国の文化大革命は、中国の様々な歴史的な遺物を「ブルジョワの遺産である」とみなして、徹底的に破壊しました。だから、今の中国には、日本の国宝や重要文化財に指定できるような建造物や美術品が、一切ない。それは、どう考えても勿体ない話です。

歴史に対して科学的な態度を重視するのは大切ですが、戦後の日本史研究においては「なぜそうなったか」という根拠不在のまま、マルクス主義的な歴史認識が展開されてしまった部分は否めません。日本には世界一と言っていいほど歴史の資料が残っているのだから、まずは穏当な形で、それを調べるのが本来の歴史研究の在り方だと思います。皇国史観は信仰に近いものですが、マルクス主義的歴史観もどちらかというとその信仰的な部分が残っているように感じることも多いのです。

「日本に鎖国はなかった」説の本質

最近、僕が非常に驚いているのが、近世の歴史研究者の間で、「日本には鎖国はなかった」という議論が進んでいるということ。史料を見る限りは、どう考えても日本人が積極的に海外と貿易をしていたとは言えない。それなのに、なぜ近世の研究者たちは「鎖国はなかった」と主張するのでしょうか。

彼らの主張としては、「日本とヨーロッパの関係ばかりを見ているから、鎖国に見える。でも、日本とアジアの間では貿易はある。ならば、鎖国はなかった」というもの。ヨーロッパではなく、アジアこそが我々の友達である。アジアを見れば、日本と海外にも隣近所のお付き合いはあるはずだという。

ただ、それは、福沢諭吉《ふくざわゆきち》の提唱した「脱亜入欧《だつあにゅうおう》」の断固たる否定であり、イデオロギーの産物のような気がしてなりません。これこそが、「日本に鎖国はなかった」説の本質です。

なぜ、鎖国がなかったという主張について僕が違和感を抱くのかについては、のちの章で解説しますが、こうした左翼的な考え方、すなわち信仰に近い考え方に、実証的な学問が振り回されてしまっている部分は、マルクス主義的歴史観は皇国史観と何も変わらない。近世史は、唯物史観の発想をもつ歴史研究者が主流を占めているからこそ、余計にそういう傾向が強いのかもしれません。

歴史観に制約があるのは、何も戦前だけの話ではなく、現在進行形でも行われています。偏った唯物史観は、まさに皇国史観の呪縛に他ならず、「科学的歴史の空白」を形成している。ちゃんと史料が残っているのだからこそ、偏った歴史観によって史料の空白を生み出すのではなく、科学的な手法に則って、史料に基づいた歴史分析をすること。それこそ、現代の歴史研究者たちに求められる視点ではないでしょうか。

第2章　「三種の神器」のナゾ　——祈りの空白——

なぜ、天皇家から仏教が排除され、神道一辺倒になったのか

二〇一九年五月。日本は天皇陛下の代替わりを迎え、元号も「平成」から「令和」へと改まりました。天皇即位の際には、実に様々な儀式が行われます。そのひとつにあるのが、伊勢《いせ》神宮への参拝です。今回の代替わりでも、先の天皇陛下（現・上皇陛下）が伊勢神宮へお参りされ、その後、新しい天皇陛下も伊勢神宮へと向かい、ご自身が天皇になられたことを伊勢神宮へとご報告に行かれました。

ただ、天皇の代替わりの儀式を目の当たりにした際、僕が非常に違和感を持ったのは、そこに「仏教の空白」があるということ。古来より日本や天皇を守ってきたはずの仏教の存在が、この儀式には一切顔を出さないわけです。これはいったいなぜなのでしょうか。

日本の歴史上、特に古代・中世においては、どう考えても神道よりも仏教のほうが天皇に近い存在であったことは間違いありません。一部の研究者たちからは、「天皇は昔から神様を守る神官であり、国家の安全安寧を祈り続けてきた。二千年に渡って日本の平和を祈り続けてきた天皇を、我々は尊敬すべきだ」と言われることもありますが、この理論は、眉唾《まゆつば》ものだと思います。

中世における日本では、どう考えても、神道より仏教のほうが優勢でした。その根拠は、お寺が神社よりも力が強く、様々な権力を持っていたことからもわかります。まず、天皇の息子、すなわち親王が宗教界に入る際は、必ず神道ではなく仏教の道に進みます。さらに、摂関家や貴族出身の僧侶が大勢いたことを鑑みても、家柄的にも経済的にも、寺の力が神社を遥《はる》かに凌《しの》いでいたことは間違いありません。

一方の神主に関しては、天皇家の姫君の一人が、斎宮《さいぐう》と呼ばれる伊勢神宮を祭る巫女《みこ》になったり、賀茂《かも》神社のトップの神主《かんぬし》である斎王《さいおう》になることはありました。でも、仏教の道に入って入道親王や法親王と呼ばれた人物は、ゴマンといますが、親王から神主になった人は誰もいません。

伊勢神宮の神官のトップ、すなわち神道世界のトップは、祭主《さいしゅ》を務めていた大中臣氏《おおなかとみうじ》が世襲していました。位階自体は二位と高位でしたが、貴族としての権力は弱かった。言ってしまえば、政治的にはたいした存在ではありませんでした。

そうした時代背景があるなか、なぜか現代の天皇家は神道一本であり、「仏教の空白」が生まれている。これを紐解《ひもと》いていくと、「伊勢神宮と天皇家には深い関わりがある」という話自体がフィクションであり、明治になってから作られたのであろうという事実にぶち当たります。実際、この説を裏付ける理由はいくつもあります。

まず、最大の理由は、千年に渡る伊勢神宮参拝の空白です。

伊勢神宮に祀《まつ》られている天照大神《あまてらすおおみかみ》にはモデルがいると言われており、それは七〇〇年代に活躍した持統《じとう》天皇です。その持統天皇が伊勢神宮に参拝してから、実に千年もの間、天皇は誰も伊勢神宮には参拝していません。もし、本当に伊勢神宮だけが重んじられたのであれば、持統天皇以降も、天皇が伊勢神宮へと参拝に行ったはずです。でも、どの天皇も参拝に行った痕跡は見られません。

では、なぜ突然、天皇家から仏教が排除され、神道一辺倒になったのか。

その理由について、日本古来より伝わり、天皇即位の儀に不可欠な存在だと言われる「三種の神器《じんぎ》」を中心に、解説していきましょう。

「三種の神器《じんぎ》」は本当に「四年ぶりに揃った」のか

天皇即位の際に必要とされるのが、「八咫鏡《やたのかがみ》・八尺瓊勾玉《やさかにのまがたま》・草薙剣《くさなぎのつるぎ》」が揃った三種の神器です。

先の天皇陛下（現・上皇陛下）が、伊勢神宮へ勾玉と剣を持っていかれた際、マスコミでは「二〇一〇年の伊勢神宮の式年遷宮以来、四年ぶりに三種の神器が揃《そろ》った」と盛んに報道されていました。しかし、僕はこの報道に対して、奇異な思いを抱きました。

三種の神器は、非常に謎めいた存在です。まず、不思議なのが、神器の数が多すぎるという点。三種の神器に対する宮内庁や伊勢神宮の解釈では、八尺瓊勾玉、草薙剣は天皇陛下がお持ちになっており、八咫鏡は伊勢神宮にあるものが本物であるとされています。

でも、実は皇居の内侍所《ないしどころ》、つまり天皇陛下のお近くに仕える女官の方がいる場所にも、鏡は安置されており、普段は女官たちによって守られているそうです。もし、伊勢神宮にある八咫鏡が本物ならば、内侍所にある八咫鏡は何なのか。

「一体これはどういうことなのか」と思ったら、宮内庁や神社本庁によれば、皇居の内侍所にある鏡は形代《かたしろ》である。すなわちレプリカであり、「本物の模造品」であるという解釈が成り立つそうです。

では、草薙剣はどうでしょうか。これも愛知県名古屋市にある熱田《あつた》神宮に行くと、同じように草薙剣として安置されているものを拝することができます。熱田神宮の剣と皇居にある剣、どちらが本物なのか。これも、実は天皇陛下がお持ちになっているものは形代であり、本物の剣は熱田神宮にあるものだそうです。

つまり、天皇陛下が伊勢神宮へお持ちになった剣はレプリカである。この時点ですでに、「三種の神器が四年ぶりに揃った」という言い方は、正しいとは言えません。

実は三セットある「三種の神器」の矛盾点

三種の神器の抱える矛盾《むじゅん》は、まだ続きます。

続いては、鏡について。先にも述べたように、神社本庁や宮内庁の公式見解では、「伊勢神宮にある鏡が本物だ」とされていますが、僕自身はその話を裏付ける話を一度も耳にしたことはありません。

そして、剣。実はこの剣についても、歴史上では「海中に沈んだもの」とされています。鎌倉幕府の歴史書である『吾妻鏡《あづまかがみ》』(一三〇〇年頃に成立)にも、その記述が残されています。

平家と源氏が争った源平の合戦の最後の決戦となる、一一八五年の壇ノ浦《だんのうら》の戦いで、敗色濃厚を感じ取った平家の人々は、次々に海中へと身を投じました。大変痛ましいことに、平清盛《たいらのきよもり》（一一一八―一一八一年）の未亡人である平時子《たいらのときこ》、すなわち二位尼《にいのあま》（？―一二六―一一八五年）も、まだ幼かった安徳《あんとく》天皇（一一七八―一一八五年）を抱き、海中に没した。その際、平家が京都から持ち出した三種の神器も、安徳天皇と共に、すべて海中へと姿を消した。

源氏のリーダーである源頼朝《みなもとのよりとも》（一一四七―一一九九年）は、弟の源義経《みなもとのよしつね》（一一五九―一一八九）に「三種の神器を奪い返せ」と厳命し、義経は安徳天皇が没した海面から三種の神器を探し出そうとします。鏡と勾玉は海に浮かんでいるところを無事に救出できましたが、剣だけはそのまま海中に沈み、見つからなかった。よって、草薙剣は、壇ノ浦の戦いで永遠に失われてしまい、多くの人が嘆き悲しみました。

その後ほどなくして、頼朝と義経は仲違《なかたが》いします。不和の原因のひとつが、義経が三種の神器を完全な形で取り戻すことができなかったから。そのくらい、剣を失ったことは、義経のキャリアにとって致命傷だったのです。

そう考えると、宮内庁の公式見解である「草薙剣が熱田神宮にある」は、いったいどこからやってきたのか。さらに言えば、熱田神宮は源頼朝の母である由良御前《ゆらごぜん》の実家です。本当に熱田神宮に草薙剣があるなら、頼朝は必ずその情報を知っているはず。わざわざ弟の義経に「三種の神器をすべて奪い返せ」との命令は出さないし、剣が失われたことを嘆き悲しむこともない。頼朝と義経が仲違いすることもなかったかもしれません。

後醍醐天皇は知っていた「三種の神器のうち、剣が欠けている」

史実上、三種の神器のうち、鏡と勾玉は本物だけど、剣は失われてしまった時代に登場するのが後醍醐《ごだいご》天皇（一二八八―一三三九）という人物です。

当時あまりにも大きな力を持っていた鎌倉幕府に反発した後醍醐天皇は、「幕府を倒せ」と命令した。しかし、その討幕計画は露見。結局は幕府に捕らえられ、隠岐《おき》の島へと流されました。

ただ、後醍醐天皇は不屈の闘志の持ち主でした。隠岐の島を脱出し、今の鳥取県米子《よなご》市にある伯耆《ほうき》の豪族である名和長年《なわながとし》を頼ります。そして、昔から山岳信仰で有名だった伯耆大山《だいせん》の隣にある、船上山《せんじょうざん》に立てこもります。その後、天皇が船上山から全国に向けて、「朝廷や天皇に逆らう鎌倉幕府を倒せ」との命を発した際、全国の武士たちが呼応し、一三三三年に鎌倉幕府は滅びます。

討幕のさなか、後醍醐天皇は、自分がいる鳥取県船上山のお隣にあった、島根県出雲大社にある命令を下します。それは、「三種の神器の剣の代わりが欲しい。もしも、出雲大社に、昔から伝わっている手頃な宝剣があったら渡すように」というものでした。つまり、この時に、少なくとも天皇は「三種の神器のうち、剣が欠けている」という認識を持っていたことがわかります。

そして、後醍醐天皇が率いる吉野の南朝（大覚寺統《だいかくじとう》）と、足利尊氏《あしかがたかうじ》と光明《こうみょう》天皇が率いる京都の北朝（持明院統《じみょういんとう》）の争いにより、南北に分断されます。

それから二十余年が経ち、朝廷は天皇の跡継ぎ問題が起こります。北朝と南朝、一人ずつ天皇がいるなか、一三五〇年に政治的な取引が行われた末、北朝を擁立する足利尊氏（一三〇五―一三五八）が南朝に降伏します。しかし、これはあくまで、自分の弟の直義《ただよし》と仲違いをしていた尊氏が、弟に対抗するための処置として、形式的に行ったものでした。南朝は北朝の降伏を受け入れますが、見返りとして要求したのが北朝の天皇を辞めさせること。

つまり、天皇は当時の南朝の天皇であり、後醍醐天皇の息子でもあった後村上《ごむらかみ》天皇（一三二八―一三六八）一人の状態にせよと命じたわけです。そこで、北朝の天皇であった崇《す》光《こう》天皇（一三三四—一三九八）が位を下ります。

しかし、翌年の一三五一年。この機に乗じようとした南朝軍が突如京都に攻め入り、一時的に京都を占領するというとんでもない事態が起きました。これに対して、尊氏の子息の足利義詮《よしあきら》の軍勢が大勢押し寄せ、南朝軍を鎮圧。北朝が再度京都を奪還するものの、南朝もただでは吉野には帰りません。北朝が所有する三種の神器を、吉野に持って行ってしまいます。

さらに、南朝は、京都にいた光厳《こうごん》上皇（一三一三—一三六四）とその弟である光明上皇（一三二二—一三八〇）、そして光厳上皇の息子である崇光上皇という三人の上皇を吉野へと拉致《らち》します。

「三種の神器に守られて即位した天皇こそ、本当の天皇である」

北朝側としては「一応、南朝とも仲良くしよう」として、崇光天皇を廃した。でも、結局は戦争状態になったため、誰憚《はばか》ることなく新しい天皇を擁立したいところ。しかし、天皇を新しく擁立するために必要なのが、三種の神器でした。当時の感覚では、「三種の神器に守られて即位した天皇こそ、本当の天皇である」という常識があったため、三種の神器なくして天皇を擁立するのは憚られる。でも、南朝軍に三種の神器を奪われています。

そこで登場するのが、醍醐寺《だいごじ》のお坊さん・三宝院賢俊《さんぼういんけんしゅん》（一二九九―一三五七）です。

新天皇を新たに立てたくとも、三種の神器がなくて途方に暮れている北朝に対し、賢俊は「じゃあ、私が何とかします」と言って南朝の陣地へと赴《おもむ》き、朱塗りの箱を持って帰ってきます。このとき、彼が持って帰ってきた小唐櫃《こからびつ》こそが、三種の神器の鏡を入れる容器だったのです。この箱はたまに絵画などで描かれることもあるので、目にしたことがある方もいるかもしれません。

そして、この朱塗り小唐櫃を三種の神器の代わりと見なし、一三五二年に北朝は天皇を立て、誕生したのが、後光厳《ごこうごん》天皇（一三三八―一三七四）です。

ここで考えていただきたいのは、「この神器が入った箱は本当に本物なの？」ということ。いくら権力のあるお坊さんとはいえ、三宝院賢俊が本物の三種の神器や容器を持ち出せるわけがありません。どう考えても偽物です。それでも、「何もないよりはマシだろう」と、無理やりその小唐櫃を三種の神器に見立て、後光厳天皇の即位を強行したのだと思います。

ただ、疑問なのが、伊勢神宮にあるという八咫鏡について。もしも本物の八咫鏡が伊勢神宮にあったのなら、室町幕府はそんな偽物の箱を使うより、本物の鏡を持ってくればいいだけの話です。しかし、いかに文献を探しても、鏡を持ってきたという記述はありません。つまり、この時点では、「伊勢神宮に本物の八咫鏡がある」という認識は、幕府も朝廷も持っておらず、遥か後の決め事であったことがわかります。

『太平記』に記されたミステリアスな三種の神器の行方

さらに、この南北朝時代の争乱中の史料を読み解くと、三種の神器をより一層ミステリアスな存在へと変えてしまう出来事が起こっています。ここでまた中心人物となるのが、先に登場した後醍醐天皇です。

南朝を支持する楠木正成《くすのきまさしげ》（一二九四―一三三六）が、湊川《みなとがわ》の戦いで戦死をした一三三六年頃、後醍醐天皇の建武政権が崩壊します。政権を追われた天皇は比叡山《ひえいざん》へと逃亡し、山籠もりをしながら、半年間ほど足利尊氏の軍勢と戦います。戦況が長引くなか、山暮らしに嫌気がさした天皇は、白旗を挙げて「もう、降伏したい」と言い出します。

当時のルールでは、天皇が降伏しても、殺されることはありません。天皇はあくまで天皇なので、仮に捕まったとしても、大切に保護されるのがセオリーでした。

それを知っている後醍醐天皇は「もうこんな山の中で生活するのは嫌だから、降伏する」と言う。それに「ちょっと待った！」と言い出したのが、南軍を支えていた新田義貞《にったよしさだ》（一三〇一―一三三八）です。

新田義貞は源氏の名門の出身なので、尊氏のライバルとしても十分通用する人物でした。それを見込んだ後醍醐天皇は、彼を抜擢して足利尊氏と戦わせていた。そのため、長い間、新田の一門は、力を合わせて後醍醐天皇を守ってきました。ところが、その守るべき対象であった天皇が「俺は京都に行って足利尊氏に降伏する」などと言い出した。天皇はそれでいいかもしれませんが、義貞たちは尊氏の軍勢に捕縛《ほばく》され、処刑されることは確実です。それは、今まで一生懸命、命を懸けて天皇を守ってきたのに、あまりに納得のいかない話でしょう。新田一門は天皇に詰め寄って、考え直すように説得します。

そこで、後醍醐天皇が義貞に提案したのは、自分の息子である恒良親王《つねよししんのう》（一三二四―一三三八）とともに北陸に行くことでした。天皇は、「自分の皇太子である恒良親王に位を譲り、天皇の位を降りる。親王に三種の神器を渡すので、おまえたちは正式な天皇である親王を守って北陸に行け」と言い、彼らを北陸へと送り出します。

端的に言えば、後醍醐天皇の「邪魔者は消えろ」というメッセージでしたが、新田義貞は恒良親王が新しい天皇であることを疑わず、北陸へと向かいます。実際、彼が天皇の言葉を信じていたということは、天皇しか出してはいけない形式の古文書である綸旨《りんじ》を出し、越前《えちぜん》から足利尊氏を討つ仲間を募っていることからも明らかです。

そして、新田一門という邪魔者を排除した後醍醐天皇は、自分の望み通りに京都の足利尊氏の軍門に下ります。

ここでおもしろいのが、後醍醐天皇が北朝の光明天皇に降伏の印として渡したもの。それは、三種の神器でした。本来は北陸に行っているはずの三種の神器が、なぜかここにも存在する。それだけでも不思議なのに、三種の神器の話はまだ続きます。

足利尊氏に降伏した後、京都で上皇として隠遁《いんとん》生活を送っていた後醍醐天皇ですが、再度、「やっぱり自分が天皇になりたい」という気持ちが湧いてくる。そして、京都を脱出し、吉野に行きます。そこで、「自分こそ正統な天皇である」と名乗りを上げます。

ここで、また登場するのが別の三種の神器です。後醍醐天皇によれば、京都にある三種の神器は偽物で、自分が持つ三種の神器こそ本物だ、と。だからこそ、三種の神器を持つ後醍醐天皇こそ本物の天皇であると宣言します。これにより、吉野と京都にそれぞれ二人の天皇がいる状態。つまり南北朝時代が始まります。

このあたりの話は、すべて軍事物語『太平記』に書かれているのですが、『太平記』を素直に読むと、三種の神器は北陸にある一セット、後醍醐天皇から北朝に渡された一セット、そして天皇が吉野に持って行った一セット。合計三セットあることがわかる。しかも、北陸に渡った一セットは、結局戦乱のなかで失われてしまい、どこに行ったか不明です。

後醍醐天皇が北朝に渡した一セットも、天皇が亡くなった後、息子の後村上《ごむらかみ》天皇（一三二八―一三六八）の軍勢が一三五二年に京都に突入した際、北朝から南朝へと渡ります。その後、一三九二年に南朝の後亀山《ごかめやま》天皇（一三五〇―一四二四）が京都に赴き、北朝の後小松天皇（一三七七―一四三三）に南朝にあった三種の神器を渡し、「あなたこそたった一人だけの天皇です」と宣言することで、以降は後小松《ごこまつ》天皇が正式な天皇だと認識される。

しかし、この時に、後亀山天皇が後小松天皇に渡した三種の神器が、もともと南朝が持っていたものなのか、北朝から奪ったものなのかはわかりません。ただ、これ以降は三種の神器は一セットだけだとして、ずっと現代まで伝わっています。

ここで注目したいのが、「正しい三種の神器を持つ天皇こそ、真の天皇である」という後醍醐天皇の考え方です。この理論を作ったのは、南朝軍を率いていた貴族であり、戦いの中で『神皇正統記』を記した北畠親房《きたばたけちかふさ》（一二九三―一三五四）でした。

当時の日本は、足利尊氏が率いる足利幕府の勢力下にあるため、誰が見ても正当な天皇は、彼が後援している北朝の天皇以外にありえない。吉野の山奥に引っ込んでいた後醍醐天皇は、とても本物とは思えません。

しかし、南朝を支援する北畠親房にとっては、なんとしても南朝が正統な天皇であると証明したい。そこで生み出したのが、「三種の神器を持っている人物こそが本当の天皇である。だからこそ、本当の三種の神器を持っている南朝の天皇こそが正統である」との理屈でした。

その理論は、のちに明治政府が天皇に対する正式見解として使用し、現代まで引き継がれています。そして、令和の時代においても、天皇の代替わりの儀式では、三種の神器が重要視されているのです。

「正しい天皇が持っている三種の神器こそが、本物の三種の神器だ」

ここまで見てきたように、公式見解として、皇居にある八咫鏡は形代であり、言ってしまえばレプリカである。草薙剣についても、本物は海に沈んでいるので、こちらもレプリカである。八尺瓊勾玉は本物だと言われていますが、南北朝時代には少なくとも三セットの三種の神器があった事実を踏まえると、これ自体も実は非常に危ない話です。

その点を踏まえると、北畠親房が発明した「正しい三種の神器を持っているのが本物の天皇だ」という理屈よりも、「正しい天皇が持っている三種の神器こそが、本物の三種の神器だ」と考えるべきでしょう。それなのに、なぜ明治政府は「正しい三種の神器を持つのが本物の天皇である」という見解を出したのか。それは、伊勢神宮をほかの神社よりも、格上げし、より崇高なものだと思わせたかったのだと考えられます。

八咫鏡のご神体は、伊勢神宮で奉られている天照大神です。天照大神は天皇家の祖先だとされているのは、第１章でご紹介した通りです。

遥か昔から血が伝わる万世一系《ばんせいいっけい》の天皇家を持つのは、我が日本だけであり、それこそが他国にはない日本のアイデンティティである。これは、明治時代に入り、天皇という存在を全日本国民の頂点に置き、強力な中央集権国家を作りたいと考えていた明治政府の意図が透けて見える理論です。

万世一系の天皇の存在を、他国にはない日本の強みとして世界に向けて発信し、国内に向けては中央集権国家を構築するためのツールとして用いたわけです。

三種の神器と祖先崇拝

ただ、軍部が台頭する昭和前半になると、大きな変化が起こります。それは、当初は国内外へ日本という国のアイデンティティを主張するツールであった思想が、「我々日本の天皇は大変古い歴史を持っている。だから、日本人はえらい」という思想へと変わっていったこと。

なんでも古ければいいのかという素朴な疑問はさておき、そこで行われたのが、「天皇は天照大神の子孫である」というほぼ神話のような理論が、国民に史実として教え込まれていったことです。

明治政府がなぜ「天皇は天照大神の子孫である」という考えを採用したのかというと、

我々日本人の宗教観が影響します。

私たち日本人は、祖先を尊重する祖先崇拝を強烈に大切にする文化を持っています。日本古来より根付いている宗教・仏教を取り上げてみても、本場であるインドの仏教と日本の仏教は根本的に違う。インド仏教のベースは、輪廻転生《りんねてんせい》です。命は次々に生まれ変わり、我々人間がよい行いをすれば、来世では半分仏のような、より良いものに生まれ変われる。逆に悪い行いをすれば、動物や虫けらなど畜生道に落ちてしまう。だから、善行を積みましょうと説く宗教です。

十年ほど前にヒットした『千の風になって』という曲では、「お墓の前では泣かないでほしい。なぜなら、墓の中には眠っていない」という趣旨の歌詞があります。これはまさに輪廻転生の話です。

ところが、日本の仏教ではこう考えません。祖先が眠るのは墓の中であり、代表的な仏事と言えば墓参りです。つまり、我々日本人は仏教に祖先崇拝を取り込んで、その性質を大きく変えて仏教を受容しているのです。おそらく、この仏教に祖先崇拝をミックスさせた形式は、もともとは中国で行われ、それを日本が受け入れたのだと思います。事実、中国では、日本よりも強烈な祖先崇拝が行われています。

他の仏教国を見ても、祖先崇拝を仏教の中に取り入れている国は非常に少ない。チベットでは、遺体を鷲《わし》に食わせる鳥葬が行われています。これは、人が亡くなった後、魂は輪廻転生で生まれ変わるので、魂が抜けた後の身体は大事にされないからこそ。時には、鷲が食べやすいように、遺体を切り刻むこともある。私たち日本人の感覚ではとてもできない。それだけ、チベット仏教では遺体には価値を見出していない。

日本人にとって、遺体は非常に大事なもので、火葬して骨になっても大事に扱い、太平洋戦争の遺骨収集などにも熱心に取り組みます。仮に、チベット仏教的な視点に立てば、戦場で亡くなった人々の魂は、もうとっくに日本に帰ってきているから意味がないと考えるところでしょう。

このように、我々日本人は祖先をとても大切します。だからこそ、天皇の祖先が祭られている伊勢神宮にスポットが当たり、「伊勢神宮に祭られている八咫鏡こそが、三種の神器の本物の鏡である」という話が生まれたのでしょう。

なぜ、剣でも勾玉でもなく八咫鏡なのかというと、三種の神器で一番重要な神器が鏡だったからです。一番権威のある神器と天皇家を結び付けることで、伊勢神宮と天皇家の格を上げようと考えたのだと考えられます。

今の伊勢神宮を頂点とする神社本庁という組織自体も、作られたのは明治以降です。そして、この神社本庁と不即不離の関係にあるのが、国民会議です。両者によって議論が磨かれ、天皇陛下が伊勢神宮を極めて重んじる姿勢がとられるようになりました。それにより、大々的な代替わりの儀式が生まれたわけです。

日本が一神教ではなく、「多神教国家」になった理由

宗教の空白を考える上で、捨て置けないのが、「神なる存在の空白」です。

前提として、日本は多神教国家であり、一神教ではありません。ごく当たり前に受け入れられているこの事実は、現代に至るまでの日本を語る上で、非常に重要なものです。世界で数多く信者を持つ一神教の特徴は、「イエス／ノー」をはっきり言い、自分の意見を強く持つことを求められる点です。また、神への服従も絶対的で、神の意思に逆らった場合は、それは厳しく処罰されます。ちなみに、代表的な一神教であるキリスト教、イスラム教、ユダヤ教も、元をたどればすべて同じ神を信奉しています。

一神教は、相手が自分の味方か敵かを、激しく問いかける宗教でもあります。ひとたび

敵になれば、完膚なきまで叩きのめす。過去の歴史を見ても、十字軍遠征に異端審問、魔女裁判、そして、カトリックとプロテスタントの宗教戦争。これらによって、何百万単位の人の命が失われました。キリスト教を巡ってこれまでどれほどの血が流れたかを考えると、その事実は明らかです。

では、日本の多神教とはどんなものだったのでしょうか。

一神教が、Aの神様かBの神様、どっちにつくのかを白黒はっきりつけようとするのに対して、日本の場合は、Aの神様とBの神様が争いを始めたら、必ずCの神様が出現し、「まぁまぁ、喧嘩《けんか》はやめて、仲良くしよう」と仲裁する。だから、多神教では、神様と神様の付き合いが穏やかで、神様をめぐって死人が出ることはありません。

日本が一神教ではなく、多神教国家になった理由には、一神教の性質もあるでしょう。一神教は簡単には生まれないものの、一度生まれるとすごい勢いで広がっていきます。日本には一神教が流行しなかったのは、日本が極東の地にあったので、一神教が辿《たど》り着かなかったという地理的な問題も一因だったかもしれません。

ただ、日本が多神教であった一番の理由は、自然が豊かで、適度に過ごしやすい環境であったことではないかと僕は考えます。世界の歴史を見ても、一神教が生まれている国は、自然環境が過酷な土地が多い。温暖な地域よりも寒冷な地域に住んでいる人のほうが、知恵を働かせ、戒律を重んじないと生き延びることができません。だから、ヨーロッパのように寒い地域や中東のように暑さが過酷な地域ほど、厳しいルールを持つ一神教が発達した。

日本の自然環境も、時には雪が降って気温が零下10度前後になりますが、世界水準で見ると、日本よりもはるかに自然環境が厳しいエリアはいくらでもあります。たとえば、モンゴルの場合。夏は30度を越えるのに、冬は零下70度にまで下がってしまうなど、寒暖差が異様に激しい。

さらに重要なことに、日本の国土は、努力して穀物を育てれば日本人全員の食い扶持《ぶち》を賄《まかな》える程度に、土地が肥沃《ひよく》であったことです。

江戸時代の鎖国の有無については中世史の研究者の間でよく議論になりますが、少なくとも江戸時代には、日本が他国とコメや麦の売買をした歴史はありません。慢性的に穀類が足りない状態なら、違う品を外国に売り、コメや小麦を買う必要がありますが、日本ではそれはなかった。餓死者が出るのも、イレギュラーな状況だけでした。つまり、日本は、長期間に渡り、国内生産だけで穀類を賄うことができたのです。

ただ、あくまで「ほどほどに」自然が豊かだったことが、幸いしたのでしょう。適度に豊かで、適度に温暖な気候の中で、様々な自然の恵みや災害を目の当たりにし、多神教の神様が生まれていきました。

東大寺・大きな仏を作るために、八幡様《はちまん》が動いた

多神教の土着の神々が信仰される古代日本に伝来したのが、仏教でした。五三八年（『日本書紀』によると五五二年）に仏教が伝来した直後は多少の宗教的争いもあったものの、そこで大勢の人が亡くなるようなことはありませんでした。仏教も多神教であったため、日本人からは割とすんなり受け入れられ、次第に、仏教の神々と日本土着の神々は融合していきます。これが「神仏融合」という考え方です。

神と仏の融合はどんどん進み、中世になると、神社にも仏の墓（ステューバ）である三重塔《さんじゅうのとう》が建てられ、寺の境内に神社が作られるようになります。一見、いい加減なように見えますが、神と仏が融合することで、国家を守ってくれる。いわゆる「鎮護国家《ちんご》」という考え方が有力になりました。

そんななか、聖武天皇《しょうむ》（七〇一―七五六）によって作られたのが東大寺の大仏です。疫病などによる社会不安を取り除くために、建立が進められた東大寺ですが、建設には多大な費用がかかります。貴族からの反発も心配される中、神のお告げである託宣《たくせん》を持って「協力する」と名乗りを上げたのが、宇佐《うさ》の八幡《はちまん》神社でした。

大きな仏を作るために、八幡様が動く。神による強烈な後押しにより、東大寺は建立が進められたのです。そのため、現在でも東大寺には、寺を守る八幡様があります。昔は鎮《ちん》守《じゅ》八幡と呼ばれていましたが、現在では手向山《たむけやま》八幡という名前になっています。その御神体は運慶《うんけい》・快慶《かいけい》と並び称されるうちの快慶が彫った国宝の八幡大菩薩《ぼさつ》ですが、これは神が仏の恰好をしているのが特徴です。この像からも、当時、神仏融合《しんぶつゆうごう》が進んでいたことがよくわかります。そして、神と仏の両者が手を携え、国家を守る「鎮護国家」。そして、天皇の健康を祈る「玉体安穏《ぎょくたいあんのん》」という考え方が、日本では親しまれていきます。

そのほかに生まれたのが「本地垂迹《ほんじすいじゃく》」という考え方です。これは日本の有名な神様と仏様を同一視するというもの。たとえば、天照大神は、仏の姿になると真言宗の一番偉い仏様である大日如来《だいにちにょらい》になります。逆に大日如来が日本に姿を現す時には、天照大神の姿を取ると考えられました。大黒天《だいこくてん》も、日本では七福神の一人であるふくよかな神様を思い浮かべがちですが、仏教に置き換えられるとインドの破壊神であるシヴァ神などとくっついて、三面六臂《さんめんろっぴ》の多様な顔を持つ仏様になります。

このように日本では、神と仏が天皇を守り、国家を守るという感覚が、長い期間根付いていたのです。

なぜ日本でキリスト教は弾圧されたか

仏教に続いて、日本にやってきたのが、キリスト教です。一五四九年、最初にキリスト教が九州へ伝来したとき、仏教界の僧侶たちは大歓迎しました。なぜ、他宗教の伝来を僧侶たちが歓迎したのか。実は、通訳のミスか、伝来当初はキリスト教の神は大日如来だと思われていたからです。

だからこそ、九州の僧侶たちは「大日如来を信奉する教団の宗教者ならば、私たちの仲間じゃないか」と考え、歓迎した。また、カトリックの宣教師たちは、頭頂の毛を剃《そ》るトンスラという髪型をしていたことも、丸坊主の僧侶たちは親近感を抱いたのでしょう。

ところが、この認識が崩れたのは、お寺文化のひとつであるお稚児《ちご》さん、すなわち少年愛の存在です。当時の日本は、お寺を中心に男同士の恋愛が盛んでした。一方、キリスト教では同性愛は死刑に相当する重罪です。カトリックの宣教師たちは、寺内での男同士の恋愛を見て、仰天したことでしょう。そこで、「同性愛は、我々からすれば死刑に相当する」と怒ります。そのあたりから、仏教の僧侶たちは「どうやらこの人たちの宗教とは違うものらしい」と、気が付いたそうです。

この話はあくまで笑い話ではありますが、その後、日本ではキリスト教は禁止されていきます。戦国時代から江戸時代に至るまで、織田信長《おだのぶなが》（一五三四年―一五八二年）や豊臣《とよとみ》秀吉《ひでよし》（一五三七―一五九八年）、徳川家康《とくがわいえやす》（一五四二―一六一六年）という三人の天下人がいましたが、まずキリスト教を禁止したのは秀吉でした。それから、家康率いる江戸幕府もキリスト教を禁じました。

なぜ、秀吉はキリスト教を禁止したか。海外交易史を専門とする研究者たちによる有力な説は、キリスト教は日本を植民地にして支配しようとする勢力と非常に密接な関係があり、秀吉がそれに気が付いたからだと言われています。たしかに、先にキリスト教が入った結果、その国を植民地にしてしまうケースは、世界中に散見しています。そして、日本もその候補地のひとつだったということ。

その思惑に気が付いた秀吉は、キリスト教を禁止。家康もそれに倣《なら》って、キリスト教を禁止した。それが、現代の海外交易史では有力な説だそうです。

ただ、当時のスペインやポルトガルには、日本を植民地にするだけの国力はなかったと思われるので、本気でキリスト教の布教者たちが日本を植民地候補に考えていたのかは、僕自身は疑問です。

ある国を植民地にしようとするなら、よほどの大軍勢を率いていかない限り、失敗する。スペインのフランシスコ・ピサロが率いるたった数十人によって、インカ帝国が滅ぼされてしまった事例は有名ですが、あれはむしろ特殊なケースだと言える。当時のスペインやポルトガルは、マニラやマカオ、インドのゴアなどアジアにも植民地という形で都市を保有していました。ただ、それらの国に対して、どの程度強力な支配が行われていたのかは、本当のところはわかりません。

秀吉がキリスト教を禁止した、もうひとつの理由として考えられるのは、浄土真宗の一派である一向《いっこう》宗の存在です。

日本で数少ない大量虐殺は織田信長による一向宗への制圧

日本は基本的にはとても穏やかな国で、殺し合いで大量の命が失われる事件はほとんど起きていません。でも、そのなかでも数少ない大量虐殺が行われたのが、織田信長による浄土真宗・一向宗への制圧でした。

一向宗の教義は「南無阿弥陀仏《なむあみだぶつ》」と唱えれば、極楽に行けるというもの。つまり、戦って死ねば、信者たちは極楽に行くことができる。いかに信者を殺しても、彼らは戦意を失うどころか、「これで阿弥陀様のところに行ける」と喜んで死のうとする。これには信長も手を焼きました。何よりも信長にとって腹が立ったのは、一向宗の信者たちが自分を崇《あが》めないことです。信長には頭を下げないのに、阿弥陀様にはいくらでも頭を下げる。これは為政者である信長には許せない事態でした。

そこで、信長は一向宗の門徒の皆殺しを計画し、現在の三重県桑名《くわな》市である伊勢長島で二万人を殺害。福井県越前では一万二千人を殺害します。

一向宗には残虐な態度を取った信長が、反対に多大なる便宜を与えたのがキリスト教でした。命を惜しまずに万里《ばんり》の波頭を越えてやってきた宣教師の意気を買い、優遇するのは、信長の性格を考えると理解できないこともない。さらに、交易でも非常に儲《もう》けが出たことも影響したのでしょう。

もしも信長があと十年、二十年生き続けて、キリスト教の本質に気が付いたなら。その時、信長はキリスト教弾圧に踏み切ったのではないかと僕は思っています。ただ、それに気が付く前に、彼は死んでしまいました。

キリスト教宣教師のレポートに記された「二つの敵」

そして、キリスト教の脅威を感じ、弾圧を始めたのが秀吉でした。当時、日本にやってきたキリスト教の宣教師のレポートが残っているのですが、そこでは「キリスト教を布教するにあたって、日本には二つの敵がいる」と書いています。

そのひとつが禅宗です。禅宗は仏教の一派ですが、教義として説くのは「無」。キリスト教の考えからすると「無」はニヒリズムであり、悪魔の教えです。だから、キリスト教信者として、宣教師はそれを許すことができなかった。

禅宗の名誉のために言及すると、当時の宣教師たちの理解は非常に浅いものでした。禅宗が目指す「無」は、インドのゼロと一緒であり、「無い」のではなく、「永遠」と同じ。存在するけれども、存在はしないもの。その深い論理があるものの、宣教師たちの理解はそこまで及ばず、禅宗を「邪教」と扱ったのです。

もうひとつ、キリスト教が商売敵《がたき》だとみなしたのが一向宗でした。一向宗は阿弥陀様に祈りを捧げ、善行を積めば浄土へ行けるという教えです。これは、キリスト教の「唯一絶対神に祈りを捧げ、善行を積めば、神様のいる天国に行ける」という教義と非常に近しく、そこに秀吉は危機感を抱いたのではないか。

秀吉がキリスト教を嫌い、弾圧に踏み切ったのも、一向宗とキリスト教の教義が非常に似たスタイルであったからこそです。阿弥陀様とキリスト、どちらも対象は違えども、頭を下げる相手は現実の天下人である秀吉ではないため、一向宗同様にキリスト教も排除せよと考えたのでしょう。そうした秀吉の思想は、江戸幕府にも受け継がれます。

そして、キリスト教は弾圧され、たくさんの血が流れます。この現象は、大陸から伝来し、日本古来の神々との合体を果たした仏教には、起こらなかった特徴でした。

「神仏分離」の誤認が「廃仏毀釈《はいぶつきしゃく》」へと発展

仏と神が混然一体となっていた江戸時代が終わり、明治維新を迎えます。新たな時代が始まるなか、仏と神を分離しようという動きが始まります。

背景を考える上で紐解くべきは、新時代を迎えた明治の元勲《げんくん》がまず何を考えたのか。彼らの一番のミッションは「欧米列強に負けない強力な中央集権国家を作る」ということ。そして、国をひとつにまとめ上げるために、他国にはない、強烈なアイデンティティを必要としました。では、日本独自のアイデンティティは何か。そこで思いついたものが、万世一系の天皇の存在でした。

他国にはないほど長い長い歴史と伝統を持つ天皇家。その下に、我々日本人が結束し、強力な中央集権国家を作る。これこそが、明治維新を成し遂げた元勲たちの考えだったと思われます。

天皇を表看板にする上で、明治政府が強調したいのが天皇は神の子孫であるということ。こんなすごい王様は他国にはない。だからこそ、天皇家が、日本で古くから信仰されてきた天照大神の子孫であることを強調するためにも、仏と神が混ざっている状況はまずいと判断します。

さらに、当時の明治の元勲たちは、岩倉《いわくら》使節団を筆頭に、多くが海外へと渡航し、欧米の発展した姿を見ています。彼らが見本とすべき欧米は、一神教であるキリスト教を信奉している。それに倣い、日本でも一神教に近いものを作らねばならないと考えたのではないかと僕は推測しています。

天照大神を頂点とする国家神道は、そんな明治の元勲たちの思惑の末、生まれた。しかもその子孫は、現実に存在する天皇である。その状態を作るために、明治政府は、現在は一緒になってしまっている神様と仏様を離婚させ、その区分を明確にしようとし、一八六八年に「神仏分離令」を出しました。

ただ、そこで思わぬ副作用が生まれます。明治政府は、単純に「神様と仏様は別の存在である」と伝えたつもりが、民衆の間では「仏は悪いものだから、排除すべきである。仏をぶっ潰せ！」と捉えられ、激しい廃仏毀釈《はいぶつきしゃく》運動へと発展してしまったのです。

廃仏毀釈によって失われた相当数の国宝・仏教美術

なぜそんな誤解が生じたのか。厳密な理由はわかりません。ただ、現代のネット炎上などを見てもわかるように、一人が悪口を言いだすと、その悪意が波及して、烈火のごとく広まる。この時も、同じ現象が起こったのです。強いて言うならば、強い勢力を誇示していた仏教世界に対する民衆の鬱屈《うっくつ》が、爆発したとも言えるでしょう。

江戸時代は五人組制度として、農民は小さなユニットにまとめられ、互いに互いを監視するという切ない状況に追い込まれていました。こうした村落共同体の中で、常に上位の存在にいたのが寺院、すなわち僧侶たちでした。僧侶は、知識人として農民の上に存在し、支配的な立場を持っていた。だからこそ、政府からの法令を受け、「どうやら寺をボコボコにしてもいいらしい。ならば、積年の恨みを果たしてやろう！」という鬱屈した想いにより、廃仏運動の動きが強まったのではと思います。

これは日本人の心の醜さを反映した大きな出来事だと思いますが、廃仏毀釈によって失われたものがあります。たとえば、現在、日本は古代から伝わる仏教美術が多数残っていますます。でも、廃仏毀釈が起こる前の日本には、現存する国宝の倍の量が残っていたと考えられています。相当量の仏教美術が、民衆によって壊されてしまったことからも、その廃仏毀釈の嵐がどれほど凄《すさ》まじいものだったのかがわかるでしょう。

中国の文化大革命やイスラム過激派のバーミヤンの石仏破壊を見て、我々は「なんとむごいことを」「もったいない」と呟きますが、一五〇年前の日本でも同じことが行われていたわけです。

こうして日本では仏教と神道が分離しましたが、お互いの愛情が深かった両者を引き離すのは至難の業。仲良し夫婦を離婚させるのに大変なエネルギーが必要なのと同様に、こちらもものすごい負のエネルギーが必要でした。

明治政府が掲げた「国家神道は宗教ではない」

明治政府が生まれ、その天皇の神性をサポートするために、国家神道が生まれました。それと同時に、伊勢神宮が祖先崇拝の一番高位の神として配置され直すことで、仏は排除された。それは、ここまでご紹介してきた通りです。

そして、舞台が整った末、ついに千年以上の空白を破り、明治天皇が伊勢神宮へと参拝をしました。繰り返しになりますが、伊勢神宮が以前から至高の価値を持つ場所であったというわけではないことは、千年もの間、一度も天皇の参拝がなかったことで推して知ることができます。ただ、それを口にして批判することは、明治政府への批判につながるため、誰にもできませんでした。

伊勢神宮の位置づけを再認識し、誕生した国家神道ですが、宗教として非常に大きな特徴があります。それは、教義がないということ。

この特徴は、宗教ではかなり異例です。仏教でもキリスト教でもイスラム教でも、何かしらのバイブルや聖典は存在する。たとえば、イスラム教ならばクルアーン（コーラン）。仏教ならお経。キリスト教なら聖書。これに対して、神道には一切の教義や宗教哲学がありません。

宗教とは本来、「人間とは何か」「人間の本質とは何か」「人間の欲望とは何か」「人間はどのように行動すべきか」という人間の根源にある問題に対して、深い叡智《えいち》で答えてくれる存在だと僕は思います。それゆえ、宗教に哲学性を求めるのは必然。でも、神道には何もありません。あるのは、儀礼やセレモニーだけです。

こうした性質を持つがゆえに、明治政府が国家神道を広める際に掲げたのは、「国家神道は宗教ではない」という判断でした。

近代国家では、信仰の自由は必ず問われる問題です。それに対抗する処置として、明治政府は、「国家神道は宗教ではない。日本人が神道の神様に敬意を払うことは当然であり、これはいわば道徳のようなものである。信仰とは別のものなので、民衆が仏様やキリスト教を信じることはかまわない」と決定付けたのです。

よくよく考えれば「宗教ではないのだから、宗教の強要には当たらない」というのは、とんでもない話ですが、今でもこの理論は多くの日本人の中に生きています。

その一例が、毎年取りざたされる靖国《やすくに》参拝です。国のために戦って亡くなった人を靖国神社に祀《まつ》るのは、鎮魂のためには当然の行為であり、他国でも往々にして行われています。ただ、日本の場合、論点となるのが神道の形で行っていること。さらに言えば、その中核にある靖国神社です。

太平洋戦争で亡くなられた方を、宗教的な儀式によってお祀りする装置は必要です。ただ、それを「靖国神社」という形で行うべきなのかは、世間で議論されている通りです。以前、キリスト教の方から、「鎮魂のために国家神道に国家予算を投入するのは、信仰の自由に悖《もと》るのではないか」との訴えがありましたが、これももっともな話でしょう。

日本における「仏教の空白」に隠された意味

ただ、歴史的には「日本では国家神道は宗教ではない」という考えがある。この「宗教なのに宗教じゃない」というところが、国家神道の妙なところであり、今後も我々がきちんと考えていかなければならない問題だと思います。

さて、ここまでご説明してきたように、かつては非常に強力な宗教として日本に存在していた仏教が、政府の画策によって縁切りされ、国家神道が生まれる。そして、国家神道の中核をなす天皇が日本の象徴となり、全国民の尊敬を受けている。この非常に変わった宗教観が、現在の日本には息づいているのです。

一方、日本は、本質的には多神教国家でもあり続けています。

日本では子供が生まれたら、お宮参りをし、七五三のために神社へ行く。これは、神道の行事でしょう。でも、キリスト教由来のクリスマスも祝うし、バレンタインのイベントも盛んです。さらに、結婚するときは、多くの方がキリスト教的なセレモニーを挙げます。亡くなった際は、大半の人は仏教の儀式に乗っ取って、お墓に入る。言ってみれば、宗教のごった煮のような現象が起こっているのです。

こうした宗教のごった煮も、やはり多神教を受け入れる土壌だからこそ起こりえること。そして、国家神道もそのごった煮の中のひとつであるからこそ、どの宗教とも共存することができているのではないでしょうか。

天皇の代替わりを迎えた令和の時代だからこそ、日本における「仏教の空白」に隠された意味について、ぜひ一度考えていただきたいものです。

第3章　民衆はどこにいるか

――文字史料の空白――

歴史学者・石井進が四十歳で政治史の研究をやめたわけ

ここまで見てきたように、太平洋戦争前の日本では、歴史を「天皇の歴史」として語る皇国史観が優勢でした。その理論的な主導者の一人が、東京大学文学部日本史研究室（当時の国史研究室）の平泉澄《ひらいずみきよし》であったことは、第1章でも言及した通りです。

しかし、皇国史観という天皇を絶対視する歴史観は、戦後に入って否定されます。代わりに重要視されたのが、科学的な調査・分析・実証を用いた、科学的な歴史学でした。その結果、「天皇陛下万歳！」という右寄りな歴史観が否定され、マルクス主義に基づく歴史観、いわゆる唯物史観というものが大きな力を持つようになりました。

戦後の唯物史観が導入されることで、失われたもの。それは、歴史学が持っている物語性です。反対に、注目されたのが、社会の基礎構造でした。貴族や武士、庶民たちの作る社会構造の中でも、特に重要視されたのが、農村の生産構造です。言ってしまえば、ごく平凡な農民たちを描いた歴史学が、皇国史観の代わりに優勢になりました。

それと同時に、歴史研究家たちの間でも、「独自の研究に埋もれるのではなく、社会の中に進出しなければならない」という考えが優勢になります。それゆえ、多くの学生たちも書を捨てて、社会運動に次々と身を投じていきました。

さて、本章を語る上で、僕がまず論点として挙げたいのは「本当にリベラルな歴史学者とはどんなものなのか」ということ。それを語るため、僕の師である石井進《いしいすすむ》先生についてお話していきます。

石井先生は中世史の歴史学者で、中世国家、あるいは幕府や武家政権というものは、どういう形で成立したのかということを、極めて深く研究された方です。

そんな石井先生は、四十歳になったときに、政治史の研究をぱったりと止めてしまわれます。その理由について、一九七〇年に岩波書店から発刊した『日本中世国家史の研究』という本の中で先生は語っています。内容について簡単に言及すると、「今まで自分が行ってきた研究は、（石井先生の）恩師である佐藤進一《さとうしんいち》先生に出された宿題に、答えるものであった」ということです。

佐藤先生は、戦中に荒廃した国史学研究室を立て直された功労者で、すばらしい業績を多数残され、優秀な学生をたくさん育てた方でした。その佐藤先生から出された宿題に対する自分なりの答えを、石井先生は一九七〇年に出版された本によって形にした。ようやく宿題を提出できた現在、これからは自分の課題や研究テーマを展開していきたいという決意表明が、そこには綴《つづ》られていました。

以来、明確な意思を持って、石井先生は四十歳で政治史の研究を辞めます。

そこで、新たな研究として始められたのが、いわゆる貴族や上級武士、政治抗争などというものではなく、名もない一般の人々の歴史を復元すること。今でいえば、総理大臣や一流企業の経営者ではなく、普通の社会に生きている私たちの生活を取り上げ、彼らがどんな生活をしていたかを調べようというものでした。

文字史料が存在しない、名もない人々の歴史の空白を明らかにする

でも、そこには実は大きな障害がありました。まず、鎌倉時代の民衆は字が書けないし、読めない。農民はもちろん、武士であっても文字に対するリテラシーはありません。もっと言えば、鎌倉時代を支えていた有力武士でも、おそらく読み書きはほとんどできなかったのではないかと僕は考えています。

当時の人々が読み書きできない以上、自分たちの生活を歴史史料としては残せません。民衆の人々が、自らが何を考え、どういう欲求を持ち、どういう行動をするかを、書いて

他人に示すことができないわけです。

後世に文字史料として残っていないものを、どうやって調べ、どうやって知るか。これが石井先生にとって大きな課題になりました。

なぜ、石井先生がわざわざ困難な道に進まれたのか。僕が推測するに、先生は「社会の上層の限られた人たちの歴史は、自分ではなく誰か別の人が研究してくれる。自分は自分にしかできないことをやりたい。非常に困難で、文字史料が空白の時代をどうにかして調べたい。どうにかして、明らかにしたい」と、考えたのではないかと思います。

僕の史料編纂所での上司であり、石井先生の愛弟子の一人で、国学院大学の教授であった千々和到《ちぢわいたる》先生という方がいます。かつて、千々和先生に言われた言葉で、僕はよく思い出すのが、「本当のリベラルっていうのは石井先生のことだよ」というものです。

リベラルというのは、右や左ではなく、民衆や名もない人に寄り添うこと。まさに石井先生の研究というのは、名もない人々の歴史の空白を明らかにし、どういう生活をしていたのかを具現化するというものです。これは極めて困難なテーマですが、だからこそ自分にしかできない使命であると考え、先生は果敢に挑戦されたのではないかなと思います。

石井先生には、こんなエピソードもあります。

僕の中学校、高校の社会の先生に、S先生という方がいらっしゃった。彼は東大の国史学研究室の卒業生であり、唯物史観を奉じた共産主義の闘士でした。一時は共産党内で、大変な指導者の位置に就《つ》くかもしれないと言われるほどのエリートでしたが、なぜかS先生は、僕の中学、高校に赴任され、教鞭《きょうべん》を取っていました。

僕は大学時代に教育実習生として母校に帰った際、S先生に再会します。そこで、S先生に言われたのが「お前の師である石井進という人物は誠に信頼ができる」というものでした。

石井先生は一九三一年に生まれた方で、実はS先生の大学の後輩でした。かつてS先生が学生運動を盛んに行っていた当時、学生の中には熱に浮かされたような感覚で、学生運動に参加した人も少なくなかった。でも、S先生曰《いわ》く、そのように熱に浮かされたクラスメイトを後目《しりめ》に、石井先生はとにかく一生懸命勉強をしていた。

「我々が石や火炎瓶を投げる一方で、石井くんは、まず勉強を大事にしていた。勉強をしっかりやっていてこそ、我々には価値がある。彼は、学生が参加する社会運動には興味を示さず、いつも一人で勉強していた。だから、本郷も、彼に師事し一生懸命勉強しなさい」

共産主義の闘士であったS先生が認めるほどの人物だったのです。石井先生は学生時代に学生運動に参加することはなかったかもしれません。でも、彼にとっては、石や火炎瓶を投げることよりも、名もなき人々の生活を明らかにしていくことが、社会的な活動だったのだと僕は思っています。

『源氏物語』は本当に平安時代の文学か

なぜ、言葉のない民衆たちの歴史を振り返る必要があるのか。それを突き詰めて考えていくと、石井先生の問題意識は、極めて重要なものであることがわかります。

たとえば、僕たち日本人には平安時代に生まれた『源氏物語』（一〇〇八年頃に成立）という大変な宝物を持っています。紫式部《むらさきしきぶ》が書いたこの作品が、日本を代表する古典文学であることに疑問の余地はありません。ただ、世間で言われるように、本当に『源氏物語』を、平安時代を代表する文学作品だと認めてよいのでしょうか。

平安時代の貴族たちは、確かに源氏物語を愛読したかもしれません。ただ、平安時代の貴族たちは、当時の日本列島に生きる人々の一パーセントにも満たない人々です。その人たちの生活や趣味趣向が描かれた『源氏物語』は、本当に日本を代表する文学作品だと言えるのかという疑問が生まれます。

もちろん、「そうである」と説明することも不可能ではありません。

当時の貴族は、圧倒的多くの庶民に支えられて成り立っている。貴族の意識と民衆の意識には密接な関係があるから、貴族文化の粋を集めた『源氏物語』は、平安時代の文化の上澄みを集約した作品であると言えるのではないか。そう考えるならば、平安時代の代表的な文学作品として『源氏物語』を挙げることは可能です。

『枕草子』に著された「にげなきもの」でわかる庶民とかけ離れた価値観

でも、紫式部のライバルとしてよく対比される清少納言《せいしょうなごん》が書いた珠玉のエッセイ『枕草子』（九九六―一〇〇八年頃に成立）を注意深く読んでいると、「あれ？」と違和感を抱く部分が少なからず出てきます。

たとえば、『枕草子』に出てくる「にげなきもの」についての描写。「にげなきもの」とは「ふさわしくないもの」という意味ですが、ここに書かれた文章の一部をぜひ読んでみてください。

「下衆《げす》の家に雪の降りたる。また、月のさし入りたるも、くちをし」（『枕草子』より）

この一文を簡単に現代語訳すると、「庶民の家に雪が降っている。これはまったくふさわしくない」と言う意味です。

清少納言にとって、庶民とは、ゴミゴミした場所で生活していればよいような汚らしい存在。そんな庶民の住む家に、美しい純白の雪が降っているのは、庶民には全くの宝の持ち腐れであり、分不相応である。そう書かれているのです。こういう描写を見ると、庶民と貴族の間にはそれなりの意識の差があることは明らかで、両者が密接なつながりを持っているとは、簡単には言い切れません。

実は『枕草子』には、ほかにも現代人との感覚のズレを感じさせる描写があります。

そのひとつが「翁丸《おきなまる》」という犬のエピソードです。

あるとき、天皇が可愛がっている「命婦《みょうぶ》のおとど」という猫が縁側で寝ていました。猫のお守り役である乳母が、それを見て、翁丸に「命婦のおとど様に食いつけ！」と冗談でいうと、翁丸は言葉の通りに猫にとびかかります。それを見ていた天皇は、可愛がっている猫に粗相を働いた翁丸に怒り、「翁丸を打て！」と荒くれ者たちに命令する。そして、翁丸を大勢で狩り立てて、散々体を打ち据えて、ついには殺してしまったのではないか（実は辛うじて生きていた）……というのです。

犬猫を愛してやまない現代人の精神からすると、この話に対しても、やや違和感を覚えるところです。ただ、これを書いた清少納言が特別冷たい人間だったかというと、そういうことではありません。貧しい人間のことを汚いと思い、語るに足らないものだと扱うのは、当時の貴族としては当たり前。犬猫をいじめの対象として見るのも、当時としては当たり前。ただ、「そういう価値観のある世界だった」ということです。

『伊勢物語』の「大阪あたりには鬼が出る」という描写

たとえば、『源氏物語』よりも、古い時代に成立したという『伊勢物語』（平安初期に成立）などを見ると、当時の貴族は、京都での出来事にしか関心がなかったことがよくわかります。

『伊勢物語』は「昔、男ありけり」という書き出しで始まりますが、この「男」は、当時絶世の美男子として知られた在原業平《ありわらのなりひら》がモデルだとされています。『伊勢物語』の主人公を業平だと決めつけて読んでしまうと、文学作品としての深みが消えてしまうという意見もありますが、彼が生きていた時代の出来事が、作品の中にも表現されていることは確実でしょう。

在原業平は、藤原高子《ふじわらのこうし》（たかいこ、という読みには根拠がありません）という女性と駆け落ちをしました。高子は藤原家の中でも本家筋にあたる、名家中の名家に生まれたお嬢様。将来は、天皇に嫁いで天皇の子を産むようにと宿命づけられている、「超」がつくお嬢様です。彼女が幼いときの話なので、本当の意味での恋愛があったのかは定かではありませんが、二人は恋仲になりました。でも、身分違いの恋ゆえ、結ばれることはあり得なかった。そこで、業平は高子を背負って京都を脱出します。しかし、『伊勢物語』のなかでは、二人が大阪まで行ったところで鬼が出てきて、女は食われてしまいます。

歴史的には、これは在原業平が藤原高子を背負って逃げたものの、大阪周辺で藤原氏の追っ手に追いつかれて、高子は連れ戻されてしまったことを表現していると考えられています。

ここで注目したいのは、「大阪あたりには鬼が出る」との描写。当時の京都の人からすれば、近隣である大阪ですら鬼が出る田舎であり、恐ろしい場所だった。

『源氏物語』の中には「明石《あかし》の君」という源氏の恋人が出てきますが、彼女が住む兵庫県明石も、田舎であると描かれています。いま京都の人から「どこから、おいでやした?」と聞かれて、「東京から参りました」と答えると、「おや、地方から大変ですね」と言われるという話をよく聞きますが、その「京都が中心である」という意識は平安時代ぐらいから変わらない。歴史的にみれば、東京がある関東なんてド田舎です。そうした差別意識が、作品の中にも現れているのでしょう。

ただ、こうした数々の描写を見ると、当時の貴族たちは、現代の我々が非常に大切にしている「平等」や「博愛」という精神を、一切持っていないことがわかります。その点を踏まえた上で、民衆と貴族が本当に密接な関係があったのかは、厳しく検証する必要があります。

文字史料だけで歴史を語る行為の危険性

さらに厳密に言えば、『源氏物語』が朝廷で貴族に読まれる作品になったのは、実は室町時代からです。だから、この作品が当時の民衆の世相を表しているのかはともかくとして、『源氏物語』が貴族社会において初めて人々に共有され、共感を得たのも、平安時代ではなく室町時代だったのかもしれません。そうすると、ますます『源氏物語』が平安を代表する作品と言い切ってしまってよいのか、疑問の余地が残ります。

ただ、この手の話というものは、歴史研究の間では実は非常に多いものです。日本で起こった出来事として教科書にいろいろ書かれているものも、「果たしてその事実は、本当に必要ですか？」と問いたくなるものは、研究者の目から見ても多くあります。

たとえば、古代から東北地方は日本の一部のように考えられてきましたが、実際に東北地方が中央集権と連動して動くようになるのは、豊臣秀吉《とよとみひでよし》による天下統一以降だと考えられます。また、かつては日本とは別の国として存在し、現在は日本の一部になっている沖縄にとって、果たして京都中心の日本の歴史は本当に必要なものなのでしょうか。

地方の歴史ですらこの状態なのに、身分関係の問題で文字史料を持たない庶民や、関東や東北などの田舎に住む人々には、自分たちの立場を表明するチャンスは一切ない。そう考えていくと、文字史料だけで歴史を語るという行為は、非常に危険なものだと考えざるを得ません。

そこで、注目したいのが、前出の石井進先生の研究です。

石井先生は、歴史学は社会を明らかにするための学問だととらえていました。社会の上澄みだけを捉えるのは歴史ではない。文字史料が残っている上澄みの部分を考察するのは、自分でなくてもできることである。その想いを起点として、先生は独自の世界を切り開いていくことになります。

『土佐源氏』に描かれた驚くべき野放図な性の在り方

では、文字史料がないなか、石井先生はどのように歴史研究を進めたのか。そこで利用したのは、文字史料を越えた二つの学問でした。

まず、一つ目は考古学です。土の中から出てくる遺物については、階層性が反映されません。貴族が生活のゴミやカスを生むのと同様、庶民もゴミやカスを生む。いろいろな遺跡から出てくるものを参考に、庶民の生活を復元していく手法を、石井先生は方法論として確立しました。

そして、石井先生の研究を支えたもう一つの学問は民俗学です。民俗学は、文字史料には残されていないような語りや言い伝え、村の掟《おきて》などから、地方の名も無い人たちがどんな生活を送っていたかを明らかにする学問です。先生は、小さい頃から柳田國男《やなぎたくにお》の謦咳《けいがい》に接していたことから、日本の民俗学の成果を大胆に取り入れます。

たとえば、民俗学者の宮本常一《みやもとつねいち》さんが残した、有名な論文に『土佐源氏』というものがあります。同論文は岩波書店から出ている『忘れられた日本人』という本の中にも収録されています。

『土佐源氏』は、とある村に住む貧しい老爺《ろうや》が語る己の半生を、宮本さんが書き取り、記したもの。主な内容は、主に男女の性の営みについてで、その日暮らしをしている老人が、これまでどんなチャンスで女性を口説《くど》き、どういう形で男女の交わりを結んできたかということが、延々と描かれている。はっきり言えば、現代社会では考えられないほど野放図《のほうず》な性の在り方が書かれています。

僕は学生時代に国文学者の益田勝実《ますだかつみ》先生の講義を受けた際、「『土佐源氏』の話を読んでレポートを書け」という課題を出されたことがあります。この益田先生は「抒情以前《じょじょう》の抒情」という概念を生み、一時非常に注目された方でもあります。

その当時、一緒に同じ授業を受けていた僕の奥さんと共に、この論文を読みながら「気持ち悪いね」「汚らしいなあ」などと感想を言い合ったのをよく覚えています。世阿弥《ぜあみ》の言葉にも「秘すれば花」という言葉がありますが、男女の営みもこれと同じ。恥じらう行為が花じゃないかと、大学時代の僕らは思ったのです。

でも、こうした僕らの言動も、考えてみれば清少納言と同じです。

現代社会で育った人々の中には失われてしまった、人間本来の在り方。その様子が『土佐源氏』に描かれていました。だからこそ、益田先生は「失われてしまった人間の在り方に目を向けてくれ」というメッセージを込めて、課題レポートを書かせたのだと思います。大学生の僕らにはとても理解ができませんでしたが、僕も五十代になり、最近にようやく『土佐源氏』に流れる世界観が、理解できるようになりました。

似たような事例は、『土佐源氏』以外にもたくさんあります。たとえば、日本の女子教育の先駆者であり、津田塾大学の創立者である津田梅子《つだうめこ》（一八六四―一九二九）は、その昔、「朝鮮半島に生きている人間は動物以下だ」ということを言ったことがあります。だけど、それは彼女が生きていたのがそういう時代だったからこそ。そこで、「津田梅子が差別主義者だ」と言っても始まりません。

「文字史料は、全能ではない」という恐れを持つこと

我々人間は、常に時代に埋没せざるを得ない存在です。たとえば、明治時代でも、一部の人は「女性を大切にしないといけない」という主張の人もいたはずです。だけど、明治時代の多くの人たちは「女性は家の中にいるものだ」と考えているから、妻には仕事を辞めさせ、家にいてもらうのが当たり前でした。そんな当時の価値観を鑑みずに、安易に「女性を家から出さない当時の人々は、差別的だ」と断罪するのは、違うのではないかと思います。

百年後の人達が、現代人の僕らを見て、「あの当時の人たちは変な考えに毒されていたんだね」と言うようになっても、全然おかしくない。そう考えれば、清少納言が「貴族は人であって、民衆は人ではない」と思っていたとしても、罪ではありません。

ただ、清少納言のように文字が使える人々は相当特権的で、恵まれた存在です。そういう上澄みの世界で生きる少数の人がいる一方で、大多数の人は貧しさや時代の波に翻弄されながら生きている。その世界を、石井先生は明らかにしようとした。そのための武器が、考古学であり、民俗学でした。

なお、石井先生は、ちょうどこれから石井史学というものが花を咲かせるというところで、七十歳で急逝されました。

僕は、石井先生が存命の際は、先生に反発し続けていました。『土佐源氏』がわからなかった当時の僕にとっては、なぜ、先生が、わざわざ庶民の平凡で汚い生活を明らかにしようとするのかがわからなかったのです。でも、今になると先生がやりたかったことや、その偉大さが、ようやくわかるようになってきました。

だからこそ、「文字史料による歴史的空白」について、歴史学者は謙虚に学ばなければならない。文字史料だけで描かれる世界は、あるひとつの真実には連れて行ってくれるかもしれませんが、全体の歴史のほんの一部を明らかにしているに過ぎません。

歴史を紐解くときは、我々歴史研究者は、常に「文字史料は、全能ではない」という恐れを持っておくべきでしょう。

第4章　外交を再考する

――国家間交流の空白――

日本の歴史は「外圧」でこそ変わる

日本という国は、海に囲まれた島国であり、長い期間に渡る鎖国を行っていたため、国家間交流にも多くの空白期間が生まれているように思われがちです。

でも、実は日本の歴史に大きな変革が起こるとき、そこには、必ずと言っていいほど海外からの外圧がありました。

最初に大きな変化を与えたのは、六六三年の白村江《はくそんこう》の戦いです。日本が朝鮮半島の国・百済《くだら》の復興軍と一緒に連合軍を組み、朝鮮半島の新羅《しらぎ》を攻めたこの戦いは、唐《とう》と新羅の連合軍に大敗を喫します。それまで、穏やかな環境で育ってきた鈍感な日本人も「この大敗によって、いつ大陸から唐や新羅が攻めてくるかわからない」と焦りを抱きます。

その危機感から、西暦七〇〇年前後に日本という国の基礎を作ろうとしたのが、天武《てんむ》天皇と持統《じとう》天皇の夫妻です。彼らは、中国に一つの独立国として認めてもらうため、突貫工事で日本という国の基礎を作っていきます。この時、取り入れたのが、唐から学んだ法を体系化した律令《りつりょう》でした。これ以降の日本では、権力者が勝手に物事を決める政治から、法というルールに従った政治へ方向転換していきます。

この変化は日本の歴史にとって非常に重要なものでした。多くの研究者が古代国家を「律令国家」と呼ぶほどに、律令の導入が日本にもたらした意義は大きかった。

なぜ、鎌倉時代に貨幣経済が日本で発達したのか

律令に匹敵するほどその導入が日本史を変えたもの、といえば貨幣でしょう。古代日本は和同開珎《わどうかいちん》などの銭を造りましたが、一般民衆に貨幣が流通し始めたのは鎌倉時代です。

なぜ、鎌倉時代に貨幣経済が日本で発達したのか。その要因のひとつは、平清盛《たいらのきよもり》などの日宋《にっそう》貿易です。貿易では、当然日本から宋へと船を出します。ところが、当時の日本の貿易船は非常に貧弱な代物でした。通常、船を安定させるためには、先頭の舳先《へさき》から最後尾の舵《かじ》までに一本の軸を走らせた「竜骨《りゅうこつ》」を設置しますが、当時の日本の貿易船には、これがなかった。竜骨を付けていない船は、不安定なので、簡単に船が転覆してしまいます。

こんなジャンク船を用いて日本人は宋へ向かっていたわけですが、これが意外と転覆しなかった。その理由は、船底に多くの材木を置いていたからです。当時、日本が宋へ輸出していた主な商品のひとつが、材木でした。宋では良い材木が取れなかったため、大きな

建造物を作る際は、日本から材木を輸入することが多かったようです。

中国で仏教を学んだ日本人僧侶が、帰国後、師匠から受け取った手紙の中に「お寺を新築したいから、日本の材木を送ってほしい」という一文も残っています。それほど、木材というのは日宋貿易には欠かせない商品でした。

ただ、日本から宋への往路では、材木を重石《おもし》にできますが、問題は帰路。宋で材木を売れば、帰り道は船の重石がなくなってしまう。そこで重石代わりに用いられたのが、宋銭です。当時の日本には貨幣はありません。だから、船底に敷き詰められて日本へきた宋銭を見て、多くの人は「なんだ、これは？」と不思議に思ったことでしょう。そのうちに、誰かが「銭はこうやって使うと便利だよ」とレクチャーし、話が広まっていく。そして、日本にもたらされた大量の銭によって、貨幣経済は発展していきました。

日本に貨幣経済が行き渡ったのは、だいたい一二二五年から一二五〇年。つまり、十三世紀の第二四半期だと言われています。

貨幣経済が日本に浸透したことで、大きな影響を受けたのは鎌倉幕府です。これまで、鎌倉幕府は「御恩と奉公」という言葉でも知られるように、幕府に尽くす武士（御家人）たちに土地を報償として与えることで、政権を成り立たせてきました。ところが、銭の普及が進めば、土地のような不動産よりも、物の売買を簡単にする動産の方が存在感を増していく。結果、鎌倉幕府はだんだん時代遅れな政権になっていったのです。これも、広い意味では外圧によって大きく政治が動いたと言える事例でしょう。

「元寇《げんこう》」と鉄砲伝来がもたらしたもの

そして、鎌倉幕府を襲ったもうひとつの外圧といえば、モンゴル軍による攻撃「元寇」です。一二七四年と一二八一年の二回にわたって、フビライ・ハーン率いるモンゴル軍が日本に攻めてきました。この際、鎌倉幕府の武士たちは、幕府の指示に従い、命がけで戦ってモンゴルの軍勢に勝利します。

モンゴルの侵略を許さなかった一方で、問題になったのは武士への報償でした。これまでは、国内で戦えば、相手を打ち破ることで、新しい土地を手に入れ、功をなした武士への褒美《ほうび》として分け与えることができた。でも、この時はモンゴルに勝利はしたものの、一片たりとも新しい土地を手に入れることはできませんでした。当時は戦後賠償もない時代です。幕府に得るものが何もなかった以上、当然、報償もなし。武士たちの不満は、鬱積《うっせき》していきます。

そして、その約五十年後、鎌倉幕府は滅びてしまいます。もしもこのとき、北条氏《ほうじょう》が自分の領地を武士たちに分け与えていたら、事態は変わっていたのかもしれませんが、北条氏はそうした対策は取らなかった。これもやはり、モンゴルという外圧が、幕府滅亡を生んだのだと僕は考えます。

続いては、戦国時代です。戦国時代は織田信長《おだのぶなが》という一人の英雄の登場によって、終わりを迎えた。その事実に間違いはないのですが、信長が現れなくても、多分、同じ頃に戦国時代は終わっていたと現在の研究では考えられています。

戦国時代を終わらせた大きな要因は、鉄砲の伝来です。これは、過去類を見ない大量殺人兵器が日本に根を下ろしたことを意味し、時代を揺るがす大きな革命でした。従来の刀や槍、矢を用いた戦いでは、そこまで大量の人が命を落とすことはありませんでした。でも、鉄砲は引き金さえ引けば、誰でも容易に人が殺せる。そのため、銃を使った戦争では、大量の人が死にました。

戦争で大量の人間の死を目の当たりにしていると、武士たちも次第に「もう人が死ぬのはたくさんだ。戦争なんて嫌だ」との気持ちを抱くようになる。鉄砲という外圧がもたらされた結果、武士たちの士気が低下し、戦国時代の終焉《しゅうえん》を早めたのです。

驚天動地の大事件・ペリー来航

一八五三年のペリー来航も、時代を揺るがす大きな外圧でした。横須賀へやってきた蒸気船四隻は、当時の日本人に相当ショックを与えたと思います。ペリーはアメリカでは蒸気船の父と呼ばれていますが、蒸気船は当時における最先端の武器でした。つまり、ペリーは、最新の武器を使って海軍を編成する偉業を成し遂げた人物だったのです。そのペリーが蒸気船を率い、日本の開国を迫る。これには日本人も驚天動地の大事件として、びっくりしたはず。

蒸気船を見て、「日本の外にはものすごく文明が発達した国がある。ぼやぼやしていると、日本は侵略されて、植民地にされてしまう」と危機感を抱いたからこそ、時代遅れの江戸幕府を捨て、新たに中央集権国家を作ろうとした人々が、明治維新を成し遂げた。そう考えると、ペリーという外圧によって日本の歴史は大きく変わりました。

そして、欧米列強という外圧と戦った、太平洋戦争も大きな外圧でした。三百万人もが亡くなった大きな戦争を契機に、日本という国はガラリと変わり、民主主義が定着します。そして、自由や平等といった価値観とともに、経済成長を遂げ、世の中が発展する。これも、外圧による大きな変化でしょう。

気候、宗教、政争……なぜ日本の歴史は穏やかなのか

日本の歴史が、外圧によって変化する理由のひとつ。それは、日本という国が様々な点で穏やかな国だったことが挙げられます。

江戸時代の鎖国を見ても、日本では、貿易や外交などの他国との交流がそこまで盛んに行われていません。日本が他国と交流がなくともやってこれたのは、日本が豊かだったからこそ。あるいは「豊か」とまでは言えなくとも、努力をすればそれなりの収穫を見込むことができたのでしょう。

第2章でも述べたように、日本は気候もそこそこ穏やかです。北国では雪も降りますが、シベリアのように零下70度にまで下がることはありません。こうした気候条件も、他国と比べるとかなり穏やかなものです。たとえば、モンゴルなどの気候条件が厳しい地域では、

リーダーが判断を誤ったら、その集団は冬が越せずに全滅するのが当たり前です。でも、そこまでの厳しい環境は日本にはありませんでした。

かといって、温暖な国のようにふんだんに果実が実っていて、農耕せずとも食っていけるほど豊かでもありません。働かないと食えないから、頑張って働く。すると、そこには文化が生まれる。そういう意味では、非常にバランスの取れた国でした。

日本は、宗教的にも穏やかな国です。ヨーロッパでは、仮にキリスト教という同じ宗教を信奉していたとしても、カトリックやプロテスタントの間の激しい争いで何百万人もの人が亡くなっているし、異端審問や魔女裁判など、争いは絶えませんでした。

さらに、イスラム教とキリスト教の間の争いのように、信じる神は同じであっても、宗教の違いで大量の人が死ぬこともあります。神に対して敬虔《けいけん》であり、善行を行い、悪事を憎むという教義自体は、基本的に同じものなのにもかかわらず、です。

対する日本は、宗教抗争でたくさんの人が死ぬことはほぼありません。それを考えても、極めて日本の歴史は穏やかなものでした。

基本的には日本という国では、激烈な殺し合いはほとんど起こっていません。おそらく日本人は戦争が好きな民族ではないのでしょう。武士などが社会の主人公になった江戸時代も、外圧がなく、鎖国のような状態だったので、ほとんど戦争はありません。私の妻で、東大の歴史研究者の本郷恵子《ほんごうけいこ》さんの言葉を借りれば、「ぬるいお風呂に入って、オナラをしているような時代」だったのです。

もちろん、百姓一揆《ひゃくしょういっき》や大飢饉《だいききん》などで人が亡くなることもありましたし、「苛斂誅求《かれんちゅうきゅう》」という言葉があるように、江戸時代の庶民はお上に税金をとことん搾り取られたという事実もあります。

でも、それらは、他国の歴史でもしばしばみられる現象です。

また、他国では、政治的な争いが一度起こると、大量に人が虐殺されます。お隣の国・中国では、政治的な失脚は死に直結する。しかも、死ぬのは当事者だけではなく、一族郎党皆殺しという事態も頻繁に起こります。そのくらい激しい海外の政治事情に比べれば、日本の政治は相当穏やかだったと言わざるを得ません。

たとえば、日本で神様として祀《まつ》られるほど、大きな恨みを抱えて死んだ人物として名前が挙がるのが菅原道真《すがわらのみちざね》（八四五—九〇三年）です。道真は、摂関家である藤原家との政治闘争に負けて失脚し、右大臣という職務を解任されます。では、彼が失脚した後、一族皆殺しになったのかというと、決してそんなことはありません。彼が左遷されたのは大宰権《だざいのごんの》帥《そち》という、大宰府の長官として、九州の国司を束ねる地位。つまり、九州の県知事全員の上に立つエリート役職です。

さらに、当時の九州は先進地域ですから、先進地域の国司の上に据えられた上、中国大陸との貿易を司るという相当重要な役職を任されているわけです。そんな良い待遇で左遷した相手の恨みを気にして、最後には神様として祀ってしまうほどに、政治の争いがぬるい。それが日本という国です。

「崇」「徳」……無念な最期を遂げた天皇に贈られた名前

また、歴代の天皇の中には、「強い恨みを持って死んでいった」とされる人物が幾人もいます。それがわかるのが、天皇の名前です。歴代の天皇陛下は亡くなると、新しい名前が贈られるのですが、無念の最期を遂げた天皇に対しては、よい名前を贈って怒りを和らげてもらい、怨霊にならないように祈願する。そんな行為が、昔からずっと行われていました。

たとえば、聖徳太子の時代に生きていたとされる崇峻《すしゅん》天皇（五五三？―五九二年）は、歴代の天皇のなかで、おそらく唯一暗殺された天皇です。この方は、有力豪族であった蘇《そ》我馬子《がのうまこ》との政権争いに敗れ、暗殺されました。崇峻天皇の名前の一文字目には、「崇拝」の「崇」がついているのに注目です。「崇」は良い文字ですが、これは実は悲惨な最期を遂げた方に贈られる文字でもあります。

ほかにも「崇」の文字が付いた天皇としているのが、明治以降には天皇として扱われなくなった崇道《すどう》天皇（七五〇—七八五年）です。この方は桓武《かんむ》天皇の弟君に当たり、早良《さわら》親王という名前でも知られています。桓武天皇の時代に、政治的な濡れ衣を着せられ、島流しにされますが、自分の無実を晴らすために、ハンガーストライキを行った挙句、餓死に近い形で亡くなりました。その後、無実の罪で亡くなった親王の鎮魂を兼ねて、崇道天皇という名前を与えたのです。

「徳」の文字も、無念の最期を遂げた天皇に贈られる名前のひとつです。「徳」の文字が入っている天皇として有名なのが、安徳《あんとく》天皇です。彼は、平家に擁立され、平氏滅亡を決定づけた壇ノ浦《だんのうら》の戦いで、二位尼《にいのあま》らと共に海中に沈んだ悲運の天皇でした。

承久《じょうきゅう》の乱を引き起こした張本人である後鳥羽《ごとば》上皇の皇子《おうじ》である順徳《じゅんとく》天皇（一一九二—一二四二年）も、「徳」の文字を持つ一人です。

順徳天皇は、後鳥羽上皇を助けて幕府を討とうとしたために佐渡島《さどがしま》に流され、その地で亡くなった。その怨念で朝廷を祟《たた》らないでほしいという願いを込め、「順徳」という名前を贈りました。

「祟《たた》り神になる」と恐れられた崇徳《すとく》天皇

でも、これら歴代の天皇の中で、最も怨霊として恐れられた天皇といえば、崇徳《すとく》天皇（一一一九―一一六四年）でしょう。この方は、一一五六年の保元《ほうげん》の乱で後白河《ごしらかわ》天皇と政権を争い、敗れた方です。「崇」の文字と、「徳」の文字と両方の文字が入るほど、ハイブリッドな良い名前を贈られている天皇ならば、よほど酷《ひど》い目に遭っているのではと思うところですが、事実はさほどではありません。

崇徳天皇は、後白河天皇と同じ母を持つ兄弟でした。彼は自分が上皇になった後、息子を天皇にしたいと思ったものの、「弟である自分こそ、正当な天皇だ」と主張した後白河天皇と戦いに発展。三百五十年ぶりくらいに、京都で争いが起き、武士が活躍します。結果、この戦いによって、日本は武士社会へ移行していきます。

さて、保元の乱で敗れた崇徳上皇は、香川県にある讃岐《さぬき》の国に流され、その地で亡くなりました。現代の我々から見れば、香川県は京都からも十分近いし、そこまで怒ることではないのでは……と思いますが、当時の日本では、讃岐への流刑《るけい》は、それはそれはとんでもない話だったようです。ただ、この程度のことで「祟《たた》り神になる」と恐れられるとは、日本がいかに穏やかな国だったかがよくわかるのではないでしょうか。

そこに川があるだけで変わる日本列島の地政学

地政学上、川の存在の有無が、歴史に大きな影響を与えることがあります。

たとえば、ゲームや漫画、小説などで日本でも大人気の『三国志』で、一番有名な戦いと言えば、曹操《そうそう》が率いる魏《ぎ》が、劉備《りゅうび》と孫権《そんけん》が率いる連合軍に負ける赤壁《せきへき》の戦いです。これは、曹操が中国大陸統一を果たすため、南へと南下し、一度は呉を降伏させようとしたものの、赤壁の戦いで負けてしまった。それで敗戦の後、魏は呉を再度降伏させようとはしませんでした。その理由のひとつは、呉の土地は魏にとって、大した価値がなかったからです。

中国の三国時代について、一般的には魏・呉・蜀という三つの国が争っていたと表現されますが、実際は魏の一人勝ち。呉も蜀も面積こそ広いものの、人はほとんど住まない辺境の地でした。東南にある呉の地域は、数百年後、日宋貿易で栄えた宋の時代になったときには穀倉地帯になっていました。ところがその前は、何もとれなかった。だから孫家が、「国を作った」と言っても、国力の規模もさほど大きなものではありません。だからこそ、曹操は赤壁の戦いでは負けてしまったものの、呉を深追いしませんでした。

そして、もう一つの要因は、揚子江《ようすこう》、今でいう長江《ちょうこう》の存在です。魏と呉の領地は揚子江を境に隔てられていましたが、呉側はほぼ人もいないし、産業もない。だから、わざわざこの大河を渡って、攻める価値もない。そのように、曹操は考えたのです。なかなか身もふたもない話ですが、これが実際の『三国志』の世界でした。

激動が続く中国においても、川が歴史に影響を与えている。そうなれば、ただでさえ世情が穏やかだった日本では、川の存在はより一層大きく、時には歴史を変えることもありました。

たとえば、かつて関東平野には利根川《とね》という大きな川が流れていました。現在の利根川は千葉県銚子《ちょうし》に河口がありますが、江戸時代に東遷事業が行われ、河川が改修されるまでの利根川は、河口が江戸湾まで通じていたのです。

室町時代後期に小田原の北条氏《ほうじょう》が出てくるまで、このエリアでは関東公方《くぼう》と呼ばれた足利《あしかが》将軍家の一門と関東管領《かんれい》の上杉氏《うえすぎ》が対立し、にらみ合いが続いていました。

その時の両者の勢力を見ると、利根川の東側を足利家（関東公方の末で古河公方と呼ばれた）が抑え、利根川の西側を関東管領の上杉氏の勢力が支配していました。要するに、利根川を境目に、勢力図が分けられていた。そのくらい、川が大きな意味を持っていたのです。

鎌倉時代に幕府の実権を握っていた北条氏にしても、勢力を伸ばす際は、川の流れに左右されています。なお、「北条」という名前は、もともと伊豆半島の地名です。そこから出発した北条氏は、相模国《さがみのくに》、すなわちいまの神奈川県にしっかりと地盤を築き、北へと勢力を広げ、武蔵国《むさしのくに》を自分の地盤に取り込みます。その次は、さらに北を目指して上野国《こうずけのくに》へと向かう。つまり、神奈川県から東京都、そして埼玉県、群馬県と、地図上でいうと、南から北へ、下から上へと勢力を伸ばしていきました。

続いて北条氏が狙ったのが、新潟や長野。北条氏はあわや信越線を制覇しようとする直前で滅びてしまいましたが、その時点で不思議なことに気が付きます。それは、北条家が下総国《しもうさのくに》、つまり千葉県には進攻しなかったことです。

東京都の周りの県といえば、神奈川県、埼玉県とともに、筆頭で名前が上がる千葉県ですが、北条氏はなぜか房総《ぼうそう》半島には本格的に進出しませんでした。その大きな理由は、利根川です。利根川はあまりにも大きな川なので、川の向こう側に行くのは困難を極めます。それよりは、地続きで行ける北の地域へと進路を進めるほうが、当時の武将たちにとっては楽だったのでしょう。

利根川が阻んだ北条氏の勢力拡大

この傾向は、戦国時代の北条氏も同様です。紛らわしいので、鎌倉時代の北条氏と、戦国時代の北条氏は何が違うのか、少しご説明します。

戦国時代の北条氏は、北条早雲《ほうじょうそううん》（一四三二―一五一九年）から、五代目の最後の当主である北条氏直《ほうじょううじなお》（一五六二―一五九一年）に至るまで、百年に渡って関東地方で栄えた戦国大名です。戦国大名の北条氏は、もともとは伊勢《いせ》氏という名前で、溶鉱炉などで有名な伊豆の韮山《にらやま》に勢力を築き、伊豆の国の真ん中にある韮山城に本拠地を築きました。韮山城の近くにはあの北条があったため、この地名と鎌倉時代の北条氏に倣って、北条氏を名乗るようになりました。

その後、彼らは伊豆の国から出発し、相模の小田原《おだわら》へと本拠地を移し、武蔵国や上野国を攻略します。その時の進路は、伊豆、相模、武蔵、上野。鎌倉時代の北条氏とほぼ同じです。そこからさらに勢力を拡大する一歩手前で、惜しくも豊臣秀吉《とよとみひでよし》に滅ぼされてしまいました。ただ、こちらの北条氏も、やはり近隣の下総国、すなわちいまの千葉県には勢力を伸ばしませんでしたが、これも利根川の存在があったからではないかと考えられます。

「なぜ、この文化が海外から入ってこなかったのか」

大きな川が流れているだけで、これだけ歴史が変わっているのであれば、日本が他国と海で隔てられていたことが、歴史に与える影響はもっと大きかったことでしょう。

たとえば、島国という特性のせいでしょうか。非常に身近な日用品であっても、「なぜ、この文化が海外から入ってこなかったのだろう?」と思うものが、たまにあります。

そのひとつが、下着のパンツです。現代でこそ、ほとんどの人がパンツを身に着けるようになっていますが、昔から日本では、男性はふんどし、女性は腰巻を使用するのが一般的でした。どちらも布を腰に巻いただけの肌着で、そもそもパンツを「はいて」下半身を覆うという概念を持っていませんでした。でも、中国やヨーロッパでは、早い段階からパンツが普及しています。地続きの国であれば、他国の文化が簡単に入ってくる。でも、日本は孤島なので、なかなかそうした文化が入ってこなかった。

パンツはさておき、日本に入ってこなくてよかったものの例として挙げられるのが、病気です。かつて中国大陸やヨーロッパ大陸で猛威を振るったペストですが、この病気によって日本人が大量に死ぬことはほぼありませんでした。また、コレラも、日本に伝わりはしたものの、そこまで病気が蔓延することはなかった。これは、海に隔てられていることが幸いしたのでしょう。

陸続きの方が、人の流入も断然起こりやすいはずです。たとえば、「日本人はどこから来たのか」という疑問についても、現在三つの方向性が考えられています。一つ目は、シベリアから北海道伝いにやってきたという説。二つ目は、朝鮮から対馬《つしま》を通って日本に入ってきたという説。最後は東南アジアから台湾、与那国島《よなぐにじま》を通って、九州へと入ってきたという説。そのなかで、間に海があったのは最後の与那国島ルートだけです。前の二つの説に関しては、当時はほとんど地続きだったので、そのルートでやってくるのは比較的容易だったと言われています。

　こうした地政学的な視点も、日本の「外交の空白」を考える上では、貴重な視点となりえるはずです。

それでは鎖国はあったのか無かったのか

日本に鎖国はあったのか、なかったのか。この議論は、近年の近世史の研究者たちの間で、よく行われるものです。

日本は海で隔てられている分、もともと鎖国のような状態が長かったことは間違いありません。

　国家間の交流を振り返ってみると、奈良・平安時代に遣唐使を派遣していた頃、日本と唐は正式な国交を結んでいましたが、その後、しばらくの間、中国との国交は途絶えます。再度、正式な国交が開かれたのは、室町時代。足利幕府を率いる足利義満《あしかがよしみつ》（一三五八―一四〇八）が、明《みん》との間で日明貿易を行っていました。

しかし、国と国との正式な外交がなくて空白期間があったとしても、海外との交流が一切なかったわけではありません。たとえば、平安時代後期には、日本と宋の間に正式な国交はありませんでした。でも、平清盛による民間での貿易は行われていました。さらに言えば、この日宋貿易が貨幣経済の発展に一役買ったように、民間交易が社会に影響を与える事例も多々あったのです。

こうした事例を参考として、正式な国交はなかったものの民間の交易があった江戸時代の状況をながめて「鎖国はなかった」と言ってしまってよいものなのでしょうか。その問いに答えるため、これまでの事例を踏まえて、「もし日本に鎖国がなかったらどうなるか」を演繹《えんえき》的に応用して考えてみると、いくつかの歴史的事実に、矛盾《むじゅん》が生じることがわかります。

その中でもわかりやすいのが、一八五三年のペリー来航です。一部では、幕府首脳陣は事前にペリーが来ることを知っていたとも言われていますが、問題は首脳陣ではなく、民衆の反応です。

当時の民衆は、外国人の存在をほとんど知りませんでした。もしも彼らが、この世界には、日本のほかにも、アメリカやイギリス、ドイツ、フランス、ロシアなどという欧米諸国が存在することを知っていたなら、ペリーが日本にやってきた際も、おそらくそんなに驚きはしないはずです。

日本が鎖国状態にあり、欧米の存在も知らず、蒸気船なんて見たことも聞いたこともない状況だったからこそ、当時の民衆たちはそれこそ天地がひっくり返るほどに驚いた。その反動の大きさで、日本という国の将来に不安を感じた人々が立ち上がり（吉田松陰のいう「草莽崛起」です）、短いあいだに、江戸幕府は崩壊の一途を辿《たど》ったのだと思います。

こうした歴史のダイナミズムを考える上では、やはり「鎖国はあった」と考えないと、日本の歴史が成立しません。「歴史の空白」の本質を見極め、その影響を考えていくことこそが、歴史学の本質であると僕は思います。

第5章　戦いをマジメに科学する

――軍事史の空白――

日本で軍事史の研究がタブー視されている理由

軍事史の研究は、日本の歴史学において、一種のタブーとされています。

その大きな理由は、人の生死が大きく関わっているからです。たとえば、太平洋戦争は死者三百万人と言われていますが、亡くなった方の多くは働き盛りで、今後の社会を担う前途ある若者ばかりでした。戦争で受けた痛みは、死者の数などでは到底図り切れません。そのため、多くの大学では、「軍事研究はやってはいけない」という雰囲気が漂っていました。

ただ、良いか悪いかは別として、客観的な事実を見ると、西暦一二〇〇年から七百年の間、日本の歴史上において、軍事は非常に大きな役割を果たしていました。

少なくとも十二世紀末からは武士が時代における主要なプレイヤーとなり、一八六七年の大政奉還《たいせいほうかん》まで政権を握ってきたことは間違いありません。明治政府を作り上げたのも武士たちの末裔《まつえい》です。政府を作った後も「欧米列強に追いつけ、追い越せ」の精神を持っていた以上、少なくとも一九四五年前後までの日本では、軍事は非常に重要視されました。

戦前には、皇国史観《こうこく》が歴史に根付いていたため、歴史自体に科学的な目線が失われてしまった。そこには過剰な物語があり、冷静な科学的な態度がなかったことは間違いありません。だからといって戦後、物語としての軍事の描写を嫌うあまり、軍事まるごとを研究対象から外してしまったのもおかしな話です。

一部には「自分はずっと軍事を研究してきた」という方もいますが、主に在野の研究者の方が中心です。在野にも非常に有意義な研究をされている方が数多くいらっしゃいます。でも、どうしても、そうした方の研究対象は、「長篠《ながしの》の戦いで鉄砲の三段撃ちはあったのか、なかったのか」「桶狭間《おけはざま》の戦いのとき、信長は奇襲を本当に仕掛けたのか」といった、ピンポイントな話に偏りがちです。それだけではいけない。この意味で、本来は体系的な研究をまとめる役割を担うべき大学の研究室で、軍事史の研究が行われないのはいかがなものか。

戦争とは、本来軽々しく扱ってはならないものです。

プロイセン王国の軍事研究家であったカール・フォン・クラウゼヴィッツは、『戦争論』という軍事戦略を体系化した著書のなかで、「戦争は政治の延長線上にある」と語っています。戦争は政治手段のひとつなのです。ただ敵を粉砕するのではなく、戦後の政治政策をきちんと見通した上でなければ、戦争は行ってはいけない。

紀元前五〇〇年頃に成立した中国の軍事書『孫子《そんし》』にも「兵とは国の大事なり」と綴《つづ》られています。これも、国の存亡をかけて戦うのが戦争である以上、うかつに戦争をしてはいけない。戦争を軽々しく考えるなと諭しています。

また、同じく『孫子』に描かれているのが、有名な「彼を知り己を知れば百戦殆《あや》ふからず」との一文。相手をきちんと分析し、自分を分析した上でないと、戦ってはいけないと、約二千五百年前から語り継がれてきたのです。

つまり、軍事とは物語として単純に語っていいものではない。腰を据え、政治、経済、文化などあらゆるほかの要素を吟味した上で、分析すべきものです。それにもかかわらず、日本という国では戦後七十年に渡り、ぽっかりと「軍事史の空白」の穴が開いている状態だった。いまは、それを埋めていく作業が求められています。

中世軍事史の基本は、「将軍権力の二元論にいつでも立ち返れ」

中世の軍事史における基本中の基本は、「将軍権力の二元論にいつでも立ち返れ」という概念です。

そもそも将軍とはどんな存在なのか。鎌倉幕府を開いた源頼朝《みなもとのよりとも》（一説には平清盛《たいらのきよもり》から将軍が始まったという説もありますが）以降、武家のトップやリーダーを日本では将軍と呼んでいます。織田信長《おだのぶなが》や豊臣秀吉《とよとみひでよし》は、天皇から将軍に任命されたわけではありませんが、彼らも当時の日本の歴史を動かすほどの大きな権力を持っていたため、将軍とみなすこともできるでしょう。

将軍を科学的な視点からどう定義するか。その問いに立ち向かっていったのが、僕の先生の師である佐藤進一《さとうしんいち》先生です。

まず、佐藤先生は、将軍権力とは「政治と軍事」から成り立つものだと定義しました。政治とは統治権的な支配権を指し、軍事とは主従制的な支配権を指す。この二つの支配権から将軍権力は成り立っています。

では「統治権的な支配権」とは、何でしょうか。突然ですが、ここで質問です。徳川吉宗《とくがわよしむね》は何将軍と呼ばれていたでしょうか？

以前は、この質問を学生に聞いたときには、ちらほらと「暴れん坊将軍」という答えが返ってきて「いや、さすがにそれはないだろう」と笑いが起きましたが、最近の若い子たちはこの時代劇の存在すら知らないので、みんなぽかーんとしています。時代の流れから、笑いが成立しなくなっているのです。

さて、答えは「米将軍」です。

お米は当時の日本の基幹作物です。天候不順などで米ができなければ飢饉《ききん》が起こるし、豊作すぎると値段が下がる。徳川吉宗は米の出来高について、天を仰ぎながらいつも心配していたという逸話も残っています。つまり、それだけ江戸時代の将軍は、日本全国の国民に対して責任を持っていた。将軍は日本を統治する権限を天皇からお預かりすると考えられており、いまでいう総理大臣のようなもの。だからこそ、江戸時代の終焉《しゅうえん》に起こった大政奉還では、将軍が政治の権限を天皇へとお返しする宣言が行われたのでした。つまり統治権的支配権とは、日本を政治的に治める権なのです。

将軍の重要な役割は、政治だけではなく、軍事のリーダーである点です。将軍の大きな役割は、日本全国の武士たちとの間に主従の関係を結び、戦になれば、武士たちを率いて戦うこと。この時、将軍とその直接の家来。その家来の家来。その家来のまた家来……と、ピラミッド型の主従関係が日本全体に張り巡らされているわけです。

「本領の安堵」と「新恩の給与」からなる鎌倉時代の御恩

ここで、鎌倉時代の源頼朝のような一番単純な状況での主従関係を思い起こしてくださ い。頼朝は、全国の武士たちと主従関係を結びました。このときに頼朝と主従関係を結んだ武士たちのことを、将軍である頼朝の家来、すなわち「家人《けにん》」の上に、将軍である頼朝への尊敬をこめて「御」を付けて、「御家人」と呼びました。

頼朝が最初に旗揚げをした際は、五十人くらいの武士が集まったのですが、歴史書『吾《あ》妻鏡《づまかがみ》』には、その際に起こったおもしろい逸話が残っています。

頼朝は自分の家来の士気を鼓舞するため、一人ひとりを別室に呼び、「俺が本当に期待しているのはお前だ。お前のことを俺は大切に思っている。頑張って戦ってくれ」と言葉をかけた。でも、どんなに武士たちの知力が劣っていたとしても、さすがに自分だけにそんな言葉を言うとは到底思っていません。「頼朝様は自分以外のみんなにも、やる気を出させるために声をかけているんだろうな」と知っている。

ただ、大切なのは、頼朝が一人ひとりの家来に声をかけたという事実です。武士たちも、「自分は頼朝様に頼りにされているのだ」と誇りに思えるし、やる気も出る。

この頼朝と御家人の関係を見ると、当時の主従性とは、具体的に一対一の関係であることがわかります。御家人は将軍である頼朝のために命をかけて戦い、奉公をする。対して頼朝は、命を尽くして戦ってくれた御家人たちを労《ねぎら》い、御恩を与える。御恩と奉公によって成り立つ主従制、それが主従制的統治権の根幹にあり、日本の軍事の基盤を作っていきます。

整理すると、当時の奉公の具体的な姿は、戦争時に主人のために命がけで戦うこと。対して、御恩とは、主人が御家人に「お前の土地はお前のものである」と保証すること。これを「本領の安堵《あんど》」と言います。現代でも、政府の仕事は「国民の生命と財産を守ること」です。当時もそれは同じことで、主君は御家人の財産である土地を守る義務がありました。

そして、御恩のもう一つの形としては、功績を挙げた武士には褒美《ほうび》として新しい土地を与えること。これを、「新恩の給与」と呼びます。

鎌倉時代における具体的な御恩は、「本領の安堵」と「新恩の給与」の二つの要素でできています。武士たちは自分たちが命がけで戦うことで、自分の土地を守ってもらい、なおかつ新しい土地を与えてもらう。それが、軍事活動の基盤でした。

こうした軍事活動に加えて、日本全国に対する政策に対して、権限を振るう。この二本立てこそが、将軍の仕事でした。

そう考えると、将軍には、軍事を動かすためには主従制的な支配権と、政治を行う時には統治権的な支配権の両方が必要であることがわかります。政治と軍事を行うのが将軍である。この定義を、歴史を学ぶ人間、あるいは中世史を学ぶ人間はいつも根底に持っておく必要があります。

「主従制的」「統治権的」将軍権力の二元論

なぜ、佐藤先生が「将軍には主従制的な支配権と統治権的な支配権が必要か」と理論を立てることができたか。その根拠として、足利尊氏《あしかがたかうじ》が室町幕府を作った際の事例があります。足利尊氏は幕府を開く際、軍事に関しては自分が担当するものの、自分が得意ではない政治に関しては、自分の弟の直義に統治を任せました。つまり、政治と軍事を役割分担したのです。

その時に、足利幕府にある様々な部署が、政治と軍事に二分化されました。そして、政治と軍事が車の両輪となり、室町幕府の立ち上げが行われたのです。この前提に立つと、幕府を支えるのは、軍事と政治の二本柱であることがわかります。

ここで浮かんでくるのが、軍事と政治のどちらがより重要かという議論です。尊氏は将軍ですが、直義は将軍とは呼ばれません。日本史の教科書でも「足利幕府の初代将軍は尊氏だ」と書かれており、直義は二代目将軍にもなっていません。

すると、政治と軍事で、より重要なのは軍事である。結果、武士の軍事政権こそが、幕府の正体であると考えられます。これは当たり前のことのようですが、非常に重要な認識になります。

経済や文化の影響は一切関係なく、まずは軍事。次に政治。この二つがあってこそ幕府は機能する。この二つの基盤があってこそ、経済や文化、また宗教などの要素が入ってくると考えるのが、日本史を考える上で正しい順番なのです。

この事実について、何度も念押しすると「幕府も将軍もそういうものだ。何を当たり前のことを言っているのだ」と思われる方もいるかもしれません。ただ、アスリートがスランプに陥ったとき、「基本のフォームに立ち返れ」と言われるように、基本をしっかりと頭に刻み付けることは、歴史を考える上では非常に大切な行為です。歴史研究者も、研究を進めていくと、時として愚にもつかない机上の空論に走ってしまうことがあります。そんなときには、公然の事実である「基本」に立ち返る必要がある。

近世史で取り沙汰される「公儀二重体制」

その例として、近世史で、現在取り沙汰される「公儀二重体制」という議論を取り上げてみましょう。

近世史では、豊臣家と徳川家による関ヶ原《せきがはら》の戦いの後、徳川幕府が誕生し、徳川家が政権を握っていたと考えられています。ただ、これに対して、関西の学者たちを中心に、「大坂の陣で滅びるまで、豊臣家も徳川家と相対するもう一つの権力だった。だから、当時は江戸と大坂に二つの公儀があったのだ」との説が唱えられています。

僕はこの説には異論を呈したいと思います。たしかに、豊臣秀吉の家臣であった戦国武将の福島正則《ふくしままさのり》や加藤清正《かとうきよまさ》などは、大坂に出向き、秀吉の息子である秀頼《ひでより》に挨拶《あいさつ》に行くこともあったでしょう。でも、だからといって、秀頼の権力は、江戸の公儀、幕府と並んで語られるものだと言えるのか？

ここで、考えてほしいのが、先に挙げた「将軍権力の二元論」です。

まず、政治面において、秀頼が日本全国に責任を持つ政策を何か行っていたかというと、その痕跡はどこにもありません。

さらに、軍事面においても、秀頼が軍事活動をしていた様子は皆無です。大坂の陣で豊臣家と徳川家が直接対決をした際。全国の三百諸侯の大名のなかで、徳川家康《とくがわいえやす》に味方をする大名は山ほどいましたが、豊臣秀頼に加勢した大名は一人もいません。

軍事も政治もやっていない豊臣家が、公儀二重体制の「公儀」を名乗れるはずもない。これこそ、一番大切な「将軍権力の二元論」という基本を忘れてしまった、机上の空論の象徴であると僕は考えます。

軍事というものに対して科学的な視点を失っているがゆえに、単純な「豊臣家に味方した大名は三百諸侯のうち誰もいなかった」という歴史的史実すらも忘れてしまっている。「軍事史の空白」ゆえに、日本史における軍事の本質を理解していなかったからこそ起きた弊害だと言えるでしょう。

江戸幕府ができたのは、徳川家康が征夷大将軍になった一六〇三年、は本当か

近世の日本を語る上で、「江戸幕府はいつできたか」という問題があります。日本史の教科書には「一六〇三年に徳川家康が征夷大将軍《せいいたいしょうぐん》に任命されたときに江戸幕府ができた」と記されています。ただ、このように「征夷大将軍に任命された年」を幕府の始まりとするのは、あくまで近世史の話です。実は、中世史では幕府の始まりを違った形で定義しています。

たとえば、源頼朝が将軍になったのは一一九二年です。昭和世代を生きた人間ならば「い（1）い（1）国（92）作ろう　源頼朝」という語呂合わせで、年号を覚えたものですが、最近の教科書に書いてあるのは、一一九二年説ではなく、一一八五年説です。これは、「い（1）い（1）箱（85）作ろう　源頼朝」と覚えるそうです。

実は、鎌倉幕府ができた年は一一八五年であるという説を強烈に押している研究者はいません。誰が主張しているのかわからないのに、教科書には一一八五年と書いてある。これは、一一八五年説が新たに出てきたのではなく、一一九二年説を再考したというのが正しい。つまり、従来は、一一九二年に「頼朝が征夷大将軍になった＝鎌倉幕府ができた」

と解釈していましたが、中世史では、その定義が否定されるようになっているからです。

室町幕府でも同様のことが起こっています。かつては、足利尊氏が征夷大将軍に任命された一三三八年が、室町幕府が開かれた年とされており、それこそ昭和の人間は「一三三八年、いさみ肌の尊氏」と習ったものでした。でも、現在では、尊氏が室町幕府を開いたのは、一三三八年から二年も前倒しした一三三六年だと教えられています。これはなぜかというと、室町幕府の憲法ともいえる建武式目《けんむしきもく》が定められたのが一三三六年だからです。法が定められたがゆえに、政権がきちんと運営されていたとみなす。つまり、中世では「征夷大将軍になったから幕府ができた」という考え方をもはや採用していないわけです。

ですが、先ほどご紹介したように、近世史では、いまだに江戸幕府が開かれたのは家康が征夷大将軍になった一六〇三年であるという説が採用されています。これに対して、誤解を恐れずに言うのであれば、近世の歴史研究者は少し勉強不足なのではないかと僕は思います。

繰り返しになりますが、将軍権力とは、軍事と政治の二つの権力で成り立っています。二大権力のなかでも、特に大事なのは軍事。軍事の内実をより具体的に言えば、それは「主従制」を指します。では、主従制が結ばれるとはどういう状況か。それはしつこいですが、御恩と奉公です。

要するに、家来は将軍のために命がけで働く。その代わり将軍は土地を御恩として家来に与え、両者の関係性を作り出す。これが軍事の根幹です。

一六〇〇年の段階で江戸幕府はできていた

では、家康が諸国の大名たちに、御恩を与えたのはいつか。それは、関ヶ原の戦いの後です。関ヶ原の戦いが終わり、一六〇〇年に家康は大坂城に入城します。そして、それぞれの大名に対して、「お前は俺に逆らったから領地取り上げ」「お前は俺をひどく傷つけたから腹を切れ」「お前は俺のために戦ってくれたから領地を倍にする」「お前もこれだけ頑張ってくれたからご褒美がある」「お前は何もしなかったから、賞罰はゼロ」と、一人ひとりの処遇を決定する。

つまり、一六〇〇年に豊臣秀吉と諸国の大名たちの関係は一旦チャラになり、徳川家康と彼らのあいだに主従関係が結び直された。このときまでの家康は、豊臣家の政権下にいる大名の一人として認識されていました。実際には、他大名よりも格や規模は別格でしたが、それでも、あくまで他大名とは同格の扱いでした。でも、一六〇〇年にほかの大名の処遇を決めた段階で、それぞれの大名と盃《さかずき》を酌《く》み交《か》わし、主従制を作り上げた。家康は日本全国の主従制のピラミッドのトップに立ったのです。

となれば、将軍権力の二元論に立ち戻るならば、一六〇〇年の段階で江戸幕府はできていると考えるのが自然であり、学問的には正しいと言えるでしょう。

軍事史における「兵力の空白」

歴史学者を取り上げて、「この人は軍事を真面目に考えているかどうか」が簡単に分かる方法があります。それは軍勢、すなわち兵隊の数に対する考察です。

僕たち歴史研究者は史料を読み込み、きちんと判断することが求められます。それは、新聞記者の人が、ニュースソースを大事にするのと同じことです。

物事をきちんと考える上では、どうしてそれをそういう風に考えるのかという根拠を大事にする必要があります。たとえば、株を買うと決めたとき。なぜその銘柄を選んだのかの理由として、「サイコロ振って決めました」「直観で買いました」では、誰も信用してくれません。

「この会社はこれだけの良いニュースがあるし、業績を上げたから、きっと株価が上がります」「この会社はこういう大失敗を犯しましたから、株価は下がります」との根拠があって、はじめて人は納得する。競馬のように結果が運に左右される世界でも、「なぜ自分はこの馬券を買うか」を理論立てることが、競馬評論家の腕の見せ所です。そして、その言葉に説得力があるかどうかで、多くの人は評論家の言葉に従うかを判断し、馬券を買います。

それと同じで、歴史研究家も自説を語る際は、歴史史料を大切にし、そこに何が書いてあるのかを踏まえる必要がある。ただ、歴史史料を参考にするなか、あてにならないのが軍勢の数です。歴史書の中では、軍勢の数については嘘をついてもいいということになっているのか、しばしば大幅に盛っていることが多い。言葉をかえて言うならば、かなり大げさに書かれていることが多いのです。

たとえば、関ヶ原の戦いは、歴史史料によると、東軍と西軍合わせて二十万人くらいの軍勢が激突したと、〝一応〟書かれています。多分、それに近い数字があったのかもしれませんが、果たして本当に二十万人もいたのかどうかは疑問の余地があります。

なぜ、歴史書の嘘が重要かというと、戦争とは、基本は数の勝負だからです。要するに、どんなに強い人でも十人に取り囲まれたらやられてしまう。戦いでは、敵の軍勢よりも多い兵隊を用意するのが鉄則です。勝つためには、相手方の三倍の軍勢が必要。一説によれば、六倍が必要との説もあるほど、兵の数が勝敗を分けます。太平洋戦争のように、敵より圧倒的に自軍の人数が少ない戦いは、戦う前から負け戦だとわかるような論外の戦です。

勝つためには、相手の数を上回る軍勢を用意しなければならない。そこで、より大勢の軍勢を用意するために必要なのが、経済です。米が多く収穫できれば、それだけ多くの人間が生活できます。生活が豊かであればあるほど、多くの人を兵隊として徴用でき、強い軍隊を作ることができる。簡単に言えば、国の豊かさが、兵力を決めるのです。

仮に、貧しい国の人民を全員兵として連れて行った場合、もしも戦争で勝ったとしても、戦後に国を盛り立てる人材がいなければ、国は滅びます。先軍政治などという北朝鮮のように、国民が飢えていても軍事に金をかける国もありますが、それは軍事の基本を無視しているとしか言いようがありません。

冷静に考えれば、国の豊かさに応じて、使える防衛費は決まります。なお、日本では、一九七六年の三木《みき》内閣以来、防衛費はGNPの一%以内に保つのが、基準になっていました。

朝鮮出兵のノルマは、「百石あたり五人の兵隊」

国力を無視して、兵力を求めた悪例といえば、一五九二年と一五九七年に行われた、豊臣秀吉の朝鮮出兵です。出兵時、秀吉が各地のそれぞれの大名に事前に兵隊の数を指定する命令を出したことが、最近の研究ではわかっています。

まず、朝鮮に近い九州エリアの大名には、百石《こく》あたり五人の兵隊を連れてこいと命令しました。それから、中国・四国では、百石あたり四人の兵隊を。それ以外の地域には、百石あたり三人の兵隊を連れてくるように命じたと考えられています。

たとえば、熊本の北半分を占める肥後《ひご》熊本藩の藩主であった加藤清正は、二十万石ほどの領地を有していた。だから「百石あたり五人の兵隊」というノルマに対して、だいたい一万人の軍隊を連れて朝鮮半島に渡りました。これは、徴兵としては猛烈に厳しい比率です。こんなことを続けていたら、国は破綻し、戦争を続ければ続けるほど困窮を究めます。

戦前の陸軍でも、領地に応じて徴兵する兵隊の数を計算していましたが、その相場は、だいたい四十万石で一万人。司馬遼太郎《しばりょうたろう》さんの小説では、だいたいその数字が使われています。その比率を考えると、二十万石の領地を持つ加藤清正の場合は、本当は五千人くらいの徴兵が適当です。それなのに、倍の数字である一万人を連れて行ったら、大赤字になるのは目に見える。だからこそ、豊臣秀吉の朝鮮出兵は、大失敗に終わり、その国力の低下が、豊臣政権の終焉を招いたとも考えられます。

「承久《じょうきゅう》の乱の幕府軍は十九万人」が誤りである歴史人口学的な理由

本来は、国の豊かさに応じて、養える国民の人数や、軍隊に徴兵できる人数を考えるべきです。ところが、軍記や軍事物語では、その比率を全く無視し、華々しくて威勢の良い数字を並べたがる傾向があります。

たとえば、『平家物語』で描かれる、一一八〇年の富士川の戦いでは、平家軍が七万人、源氏軍が二十万人と書いてあります。そして、鎌倉幕府公式の歴史書である『吾妻鏡』では、一二二一年の承久《じょうきゅう》の乱に参加した幕府軍は十九万人だと記されています。ただ、この数字を信じ、そのまま使ってしまう研究者は、軍事というものが全く分かってないと言っているようなものです。

先ほども申し上げたように、軍事は兵士の数が重要です。兵士の数を集めるのに大切なのは、経済である。軍事は軍事だけで独立しているわけではなく、政治や経済の延長線上にある。これを考えずに、承久の乱で二十万人の兵士がいたという数字を持ってくる研究者は、政治も経済への理解も足りないと言わざるを得ません。

歴史人口学を研究されている経済学者の速水融《はやみあきら》先生は、過去の日本列島にどれだけの人口があったのかを、緻密な計算をもとに算出されています。それによると、だいたい西暦六〇〇年には、日本列島には六百万人ほどが住んでいた。当時は、戦争や飢饉、病気があり、人口がなかなか増えません。

それから千年後。関ヶ原の戦いがあった一六〇〇年代の人口は、千二百万人前後であると考えられています。千年かけて、人口は六百万人増。つまり倍にしかならなかった。ならば、源平の戦いがあった一二〇〇年頃の人口は、一千万人くらいが妥当だと考えられます。

一六〇〇年に行われた関ヶ原の戦いでの軍勢が、東西合わせて二十万人だったのに、それより四百年以上も前の日本で起こった富士川の戦いで、源氏軍だけで二十万人の兵がいたという話は、明らかに矛盾しています。

しかも、豊臣秀吉や徳川家康の政治と、鎌倉幕府の政治を比べてみたら、前者の社会構造は、国民一人一人からきちんと税金を出させる仕組みなどが整っている。一方の鎌倉幕府の政治なんて、それに比べればままごとのようなもの。そう考えれば、人口も少なく、社会構造も整っていない鎌倉幕府が、豊臣家や徳川家と同じ兵力の軍勢を編成できるわけもありません。

「その時、泰時《やすとき》は五千人の勇士たちの方を向いて振り返った」

さて、他者の論ばかりを指摘すると、「お前はどう思うのだ」と突っ込まれてしまいそうなので、ここで当時の軍勢に対する僕の自説を披露させてください。

長年歴史史料を検証してきた僕の実感としては、鎌倉時代のひとつの県を代表する有力武士たち、具体的に言えば千葉県の千葉氏や神奈川県の三浦氏、埼玉県の畠山氏らの場合、一人当たりが率いる兵の数は、だいたい三百人くらいだと考えています。

そうすると、承久の乱における鎌倉幕府の軍勢は、多くても一万五千人くらいが関の山です。十九万人という数字は、とても無理でしょう。

記述によれば、鎌倉幕府の軍勢は二手に分かれて、京都に突入します。その片方の軍勢の大将が、のちに御成敗式目《ごせいばいしきもく》を作る北条泰時《ほうじょうやすとき》（一一八三―一二四二年）という人物です。北条泰時が後鳥羽《ごとば》上皇の御所に迫った時に、後鳥羽上皇が泰時に命令書である院宣《いんぜん》を出す。その中身は「降伏するから乱暴しないでくれ」というものでした。『吾妻鏡』によれば、それを受け取った際、泰時は「誰かこれを読める者はいるか？」と、聞きました。当時の武士たちは、字が読める人が非常に少なかった。そして、その描写として「その時、泰時は五千人の勇士たちの方を向いて振り返った」と書いてある。つまり、泰時が率いていたのは五千人だということになります。

この時点で、鎌倉幕府は二手に分かれていて、さらにその他に、北陸に駐留していた軍勢がいました。ならば、泰時が率いる軍勢が五千人なら、単純に二手に分かれたもう片方の軍勢を足せば一万人になる。仮に、北陸の兵が同じくらいの数がいたとしても、五千人。合計すると、多くても一万五千人ほどが限界でしょう。

先ほどもお伝えしたように、どれだけの兵が編成できるのかは、まさにその組織の総合力です。当時の鎌倉幕府の総合力は、どんなに見積もっても一万五千人が関の山。それを見失い、「十九万人」という資料の数字を鵜呑《うの》みにするのは危険です。

また、軍事史はその性質上、勇猛さが求められやすいため、数字が独り歩きしがちでもある。もっと言えば、「数字を盛りがち」です。ゆえに、史料自体に書かれていた軍事の場面は信頼しても、数字自体は信頼できません。現存する文字史料によって、「軍事史の空白」は生まれることもあるのです。

北条家から秀吉、西郷隆盛まで――「戦いが王を作る」

ギリシャの哲学者であるヘラクレイトスは、「戦いが王を作る」という考え方を持っていました。戦争に勝つことで、勝者は正当性を得る。戦って勝ち残った人間こそが、王様になるのだと。

こうした軍事の本質というものを、僕たちはしばしば忘れがちです。

二〇一九年、ハリウッド版のゴジラ作品『ゴジラ キング・オブ・モンスターズ』が公開されました。少しだけネタバレすると、作中でゴジラはキングギドラとモンスターの王座をかけて戦います（なお、戦っている時点では、キングギドラはまだ「キング」ではないので、ギドラと呼ばれています）。

ゴジラとギドラが戦い、最後はゴジラが勝利する。すると、それまでゴジラに敵対していたほかのモンスターたちが、全員ゴジラの前にひれ伏します。特に変わり身が速いのはラドンです。ラドンは、それまでギドラの命令でゴジラに牙をむいていたのに、ギドラが負けたとたんに、ゴジラにペコペコ頭を下げるその様子は、まるで『ドラえもん』のスネ夫のよう……。まさにゴジラが「キング・オブ・モンスター」になったという結末を経て、映画は終わります。

アメリカは、まさにこうした「圧倒的力を持つ勝者こそがボスになる」という考えを好む社会なのでしょう。また「アイアムボス！」と、ボスにえらくこだわります。

日本の場合は、ボスになるためには「世襲」というものが大きく関わっており、世襲によって後継者としての正当性を得るのが定石です。その最たるものが、天皇です。けれども、なぜ最初に天皇が天皇になったのかというと、大和地方での戦いで勝利したから。日本の歴史でも、やはり人は勝つことによって、王になっていったのです。

武士の世界では、勝者は天皇から付加価値が与えられます。鎌倉時代や室町時代であれば、将軍に任命されること。豊臣秀吉は天皇によって関白に任命されました。やがて、秀吉は自分の地位を甥《おい》の秀次《ひでつぐ》に手渡しますが、秀吉が天下人であることを疑う人は誰もいません。なぜなら、秀吉が自分の君主・織田信長を討った明智光秀《あけちみつひで》を破り、ライバルである柴田勝家《しばたかついえ》を倒し、滝川一益《たきがわいちます》を降伏させ、最後に徳川家康も屈服させた。戦いに勝ち続けることで、天下人になったからです。

徳川家康も同様です。家康が江戸幕府を開くことができたのは、天皇が征夷大将軍に任命したからだという人もいますが、それはあくまで建前の世界です。本音の世界では、家康が関ヶ原の戦いという日本列島規模の大きな戦いを引き起こし、勝利し、全国の武士を家来にしたからこそ、天下人になれた。征夷大将軍というのは、「天下人であることを天皇が認めた」という勲章に過ぎません。

ところが、こうした本音を見ずに、建前を重視する見方も存在します。それが、この本でも何度も紹介した、天皇をすべての歴史の根幹に見る皇国史観という歴史観です。その結果、「源頼朝や足利尊氏、徳川家康は、天皇によって将軍という地位を与えられたからこそ幕府を作ることができた」という考え方が生まれる。

秀吉は、天皇のもとで育《はぐく》まれた観念に照らして、源氏ではないから征夷大将軍になれる資格を満たさない。だから、将軍ではなく、関白になった。関白なので幕府を開けなかった。結局そのために、豊臣政権は滅びてしまった。こういう見方をする研究者は、ひと昔前は多勢いました。

でも、そんな建前ばかりを追いかけていては、軍事史の本質は見えません。建前ではなく本音を見る。軍事史を研究する上では、こうした乾いた科学的分析力が非常に重要になってきます。

明治政府はなぜ、徳川慶喜《とくがわよしのぶ》と戦わずに江戸城無血開城を許したのか

その観点から見ると、幕末期に浮上した西郷隆盛《さいごうたかもり》（一八二八―一八七七年）による江戸総攻撃も、まったく別の見方ができます。一八六八年の江戸城開城の際、西郷が最後までこだわったのは、最後の将軍である徳川慶喜《とくがわよしのぶ》（一八三七―一九一三年）に腹を切らせることでした。それは、彼が大久保利通《おおくぼとしみち》に宛てた手紙からも証明できる上、手紙の中では大久保も西郷に賛成しています。

当時の将軍である徳川慶喜は、江戸城で謹慎をしていました。反乱の恐れはないのに、なぜ西郷が慶喜に腹を切らせようとしたのか。それは、大きな戦いが欲しかったからです。

きちんと戦いをして、どちらが勝者であるかを見せないと、明治政府は十全なかたちで発足できないと、西郷は考えていたのではないでしょうか。まさに「戦いが王を作る」わけです。それは、織田信長や豊臣秀吉、徳川家康たちがやってきたことでした。だから、彼も戦いが必要だと考えたのだと思います。

京都を出発する際、西郷は慶喜に腹を切らせようと息巻いていた。でも、静岡に到着した際は、なぜか「腹を切らせるのはやめよう」と思い始める。その後、東京都田町《たまち》にある薩摩《さつま》藩の屋敷で、勝海舟《かつかいしゅう》と江戸城無血開城の会談をし、結果的には江戸城総攻撃の案は消えました。西郷と勝の会談は、結果ありきの会談ではなく、かなりギリギリのタイミングに行われたものだったのです。

慶喜と戦わずに、明治政府が徳川家を許したのは、百万都市江戸の高度なインフラを手に入れたいという思惑があったのでしょう。せっかくのインフラを火の海にしてしまうのは惜しい。だから、江戸城を無血開城して、慶喜を許すしかない。長州《ちょうしゅう》藩には当初からそんな考えがあったようです。

西郷は人格者で優しいイメージがあるかもしれませんが、実際、「慶喜に腹を切らせることはない」と主張していたのはむしろ薩摩藩ではなく、桂小五郎《かつらこごろう》や広沢真臣《ひろさわさねおみ》などがいた長州藩のほうでした。

慶喜は家来である旗本御家人に、まったく人気はありませんでしたが、仮に主人に腹を切らせることになれば、家来は戦わざるを得ません。もしも、西郷が江戸城総攻撃を実行していたら、江戸は火の海になる。明治政府ができてもインフラの整備をする暇がないため、江戸は捨てられ、現在の首都は大阪になっていたはず。そうなれば、現代の日本の形がだいぶ変わっていたでしょう。言ってみれば、現在の安倍政権まで首都が東京に置かれたのは、長州藩の決断によるのかもしれません。

でも、西郷が、慶喜の腹を切らせたいと思っていた気持ちはわかります。戦いを経て、勝利しないと、誰が王なのかがわかりません。これを踏まえると、明治初期に西郷らが唱えた征韓論《せいかんろん》や西南《せいなん》戦争についても、また別の見方が出来るはずです。

わざと相手を怒らせ、それを大義名分に戦争を起こす

明治政府が発足した後、この「戦いによって王が作られる」を実際に実施したのが、一八六八年から一八六九年に東北で起こった戊辰《ぼしん》戦争です。これは、薩摩藩や長州藩などに

よる新政府軍と、旧幕府勢力と手を組んだ陸奥《むつ》、出羽《でわ》、越後《えちご》の諸藩による奥羽越列藩《おううえつれっぱん》同盟が対立し、行われた戦争です。その際、激しい戦いが繰り広げられた土地が、長岡《ながおか》と会津《あいづ》でした。

当初、長岡藩は新政府にも奥羽越列藩同盟にも加勢もせず、スイスを参考に、河井継之助《かわいつぎのすけ》という人物が「我が長岡藩は、中立を守ります」と主張した。でも、新政府側の人間はそれをやすやすとは認めません。そこで、長岡藩を説得すべく、明治政府の遣いとして行ったのが、土佐《とさ》藩の岩村精一郎《いわむらせいいちろう》という人間でした。この人物は、武士の情けを全く理解しないダメ人間でした。長岡藩に対して、常に居丈高《いたけだか》に対応し、「中立なんて認めるか、土下座して従え」と言い放つ。こんな使者が来てしまったがゆえに、長岡藩と明治政府の会合は物別れに終わり、結局、長岡藩も奥羽越列藩同盟へと加入し、戊辰戦争に参戦します。

しかし、さらにひどいのが、明治維新後の会津藩への仕打ちです。そもそも奥羽越列藩同盟が生まれたのは、会津藩の不運に、東北の諸藩が同情したことがきっかけでした。当時、会津藩は孝明《こうめい》天皇（一八三一―一八六七年）に京都の治安を守れと命じられ、新選組を作るなど一生懸命忠義を尽くした。結果的に、薩長《さっちょう》の浪士たちを捕縛することにはなったものの、それは薩長憎しでやったわけではありません。それなのに、明治維新後、会津藩は新政府から邪魔者扱いされてしまいます。

そこで、東北の諸藩は「会津ばかりがひどい目に遭うのは気の毒だ。奥州諸藩が手を取り合い、会津のために新政府に交渉して、謝ろう」と考えた。

ところが、奥羽越列藩同盟の盟主であった仙台藩へ、政府側の人間として派遣されたのが、長州藩の藩士である世良修蔵《せらしゅうぞう》です。立場としては西郷隆盛と同じで、奥州平定軍の参謀でしたが、この世良も、岩村同様のどうしようもない人間でした。奥羽越列藩同盟側が謝罪のために結成されたのに、「土下座して謝れ」と横柄で傲慢《ごうまん》な態度を取り続ける。あまりに態度が悪いので、業を煮やした仙台藩の元武士が、世良を殺してしまった。ただ、どんなに鼻持ちならない人間でも、政府の正当な使者ではある。それを殺してしまったことを発端に、一八六八年に会津戦争が始まります。

相手を怒らせ、手を出させて、それを大義名分に戦争を起こしてやっつける。これは、やはり明治の新政府が、「戦って勝利を見せないと王にはなれない」という感覚を持っていたからだと思います。

だからこそ、東北にとんでもない奴を送り込み、相手を怒らせることで、戦争は起きてしまった。

西南戦争のきっかけは、岩村精一郎という高慢な人物を配置したこと

ただ、それでもまだまだ戦い足りないと思った西郷隆盛は、死に場所を求めるかのように、最終的には西南戦争を起こします。

実は九州でも、西南戦争が起こる前の一八七四年に、江藤新平《えとうしんぺい》や島義勇《しまよしたけ》らによる佐賀の乱という反乱が起きます。この反乱の発端となるのが、先ほども登場した岩村精一郎という男です。

ことの発端は、当時、佐賀県の副知事だった岩村が、佐賀県に行き、佐賀の元武士たちに向かって「俺の言うことを聴け！」と、またもや高圧的に言い放ちます。プライドを傷つけられた佐賀の元武士たちは「お前の言うことなんか聞けるか！」と、立ち上がって蜂起する。結果、佐賀の乱が起き、たくさんの犠牲者が出ました。

この事件について、桂小五郎、改め、木戸孝允《きどたかよし》がどう考えていたのかを、当時彼の秘書をしており、のちに東大の歴史学研究の基礎を作る一人となる久米邦武《くめくにたけ》が、書き記しています。

久米が木戸に、「なぜ岩村のような奴を佐賀県の副知事にするんでしょうか。彼を副知

事にしたら、佐賀の乱のようなことが起こるのは目に見えています」と聞いた。すると、彼は「それが大久保君の悪いところだよな」と返した。つまり、初代内務卿だった大久保利通は、岩村のような高慢な人物を配置することで、わざと相手を怒らせて、戦争を起こさせたのだと、木戸は指摘しているのです。

佐賀の乱で、首謀者として処刑されたのが、明治維新にも尽力した江藤新平《えとうしんぺい》でした。彼は、非常に能力の高い人材でしたが、征韓論賛成派で大久保利通とは意見が対立していました。だからこそ、邪魔に思った大久保が、虎の威を借るキツネのような人物である岩村を起用し、わざと怒らせたのではないか。まさに、東北の事例と同じ手口を取ったのだと、言わざるを得ないでしょう。

そして、一八七七年の西南戦争では、政府のやり方に不満を持った鹿児島の人々が異議を申し立て、説明を求めて東京へ向かい、軍事行動を起こします。西南戦争については、あまりにも行き当たりばったりに見えるため、「作戦が下手だ」と指摘する人も多いのですが、それはこの「戦いが王を作る」という根本を知れば、理解できるはずです。

西郷隆盛が戦いを必要としていた理由

文学評論家の江藤淳《えとうじゅん》さんも言及していますが、西南戦争の際、鹿児島の人々はもともと政府に勝てるとは思っていなかった。歴史的な見方ではないかもしれませんが、僕自身はこの推測はかなり的を射ているのではないかと考えています。

西南戦争で、薩摩藩の元武士たちは、熊本城を攻め、撃退された後、鹿児島へ戻り、みんなで戦死する。しかも、西郷隆盛は「俺の命はお前たちに預ける」と言い、一切の軍事的指揮を取らなかった。こう言った時にはすでに、彼には死ぬ覚悟ができていたのでしょう。

会津戦争や佐賀の乱。そして、日本最後の内戦となった西南戦争。どれも、戦いなくしては世情が落ち着かなかった。これら一連の出来事は、ヘラクレイトスが言うように「戦いが王を作る」ための布石だったのだと僕は思います。

西郷隆盛が唱えた征韓論についても、同様です。朝鮮へ出兵して、朝鮮を開国させようというこの企てを唱えた際、西郷は「俺は死にに行く。朝鮮に開国せよと言えば、俺は多分殺されるだろう。そしたら、後は頼む」と語っています。つまり、彼は自分の死によって、それを口実に戦争を起こせばいいと思っていたのではないか。あたかも世良修蔵のように。しかし、大久保利通には「いまは朝鮮と戦争するより、欧米に目を向けるべきだ」と反対され、この案は立ち消えます。

ただ、これも、新政府の発足を軌道に乗せ、日本という国に一つの区切りをつけるために、西郷隆盛が戦いを必要としていたのだと考えられるのではないでしょうか。

戦争には、ついロマンを求めてしまいがちですが、冷静に観察すると、そこには軍事の基本的なセオリーが見えることがあります。それらの視点を失わずに軍事史を振り返ることこそが、「軍事史の空白」を埋める一つの手段になると僕は思います。

第6章　歴史学の帰納《きのう》と演繹《えんえき》

——文献資料の空白——

先祖代々伝わってきた、儀式の詳細を記した「古記録」

本書でも何度も言及してきましたが、歴史上の文献資料には、いくつもの空白が存在します。極論を言えば、時代ごとのあらゆる分野の歴史史料が、すべて揃っているのならば、何の問題もありません。たとえば、政治、経済、文化などあらゆるジャンルについて、毎日時系列的に書き残された史料が残っているのならば、歴史研究者にとってこれ以上ありがたいことはありません。

ただ、時代によっては、史料自体が最初から存在しないということが、往々にして起こりえます。我々は、おおよその過去の歴史を知っていますが、欠けている部分も非常にたくさんあります。

では、現在我々が知っている歴史が作られていく上で、研究者たちが何を参考にしているのかというと、それは主に貴族の日記などの古記録や古文書などです。とはいえ、古文書は毎日書くような代物ではないので、その時代の雰囲気をなんとなくつかむためには、日記などの古記録が、非常に貴重な手がかりになります。

過去の時代では、文字を操ることができるのは、貴族やお坊さんと言った一部のエリート層のみでした。こうした知的エリートの日記が、毎日書かれていたとすれば、大変すばらしい資料になります。

ところが、日記というものは自分の手控えに書くために用いられることが多い。十年後、二十年後の自分が、「あの時、自分は何をしていただろうか」と過去の記憶を手繰《たぐ》り寄せるために読むためのものであって、自分以外の第三者に読まれることを想定されていないのです。

そんな日記とは正反対の立ち位置なのが、「古記録」です。これは、主には貴族や僧侶が行う儀式の詳細が書かれており、人に読ませることを前提にされています。

古代や中世では、僧侶であれば法事、貴族なら朝廷の儀式を、毎日毎日執り行う慣習がありました。儀式をきちんとできる僧侶や貴族は、一目置かれ、一定の評価を得ることができました。現代に置き換えるのならば、皇室関係の儀式や、外交上の国賓が来た際などには外交儀礼、すなわちプロトコルを守れないと、外交欠礼と言われてしまう。

また、江戸時代の武家社会では、儀礼を大変重んじていたため、その際は武家の儀礼を丁寧に教えてくれる指南役を幕府が任命していたほどでした。一部では、赤穂浪士《あこうろうし》で知られる吉良上野介《きらこうずけのすけ》のように、儀礼などを司る格式高い家柄の高家《こうけ》が、浅野内匠頭《あさのたくみのかみ》のような地方の藩主に礼儀を教え、袖の下を取っていたという逸話も残っています。

ただ、それはあくまで武家社会の話。貴族の儀礼には指南役はおらず、各自の家できちんと行うのが一般的でした。儀式で失敗することは、嘲笑の対象であり、出世街道からも外れてしまう。儀式に参加した貴族は、自分の子供や孫、あるいは自分の家の名誉のために、子孫が失敗をしないよう、その儀式を必死に書き留める。それが、古記録として残るわけです。

僧侶の場合も同様です。法会《ほうえ》をやったらば、「この仏様に一回礼をし、次の仏様には三回礼をする。その後には火をくべて……」というように、儀式や作法をきちんと書き留め、自分の弟子や孫弟子が恥をかかないように記録を受け継いでいました。

そのため、詳細な古記録は、後にその家や寺にとって大変助かる存在でした。特に貴族の家では古記録は非常に大切にされて、ときには、「あの家にはとても立派な記録があるらしい」と噂になり、親戚が借りに来るケースもあったようです。ひとつの家に息子が三人くらいいた場合、分家が行われます。その家を起点に、別の家系が広がっていきますが、その場合、先祖が書き記した記録が、全部の家に受け継がれるわけではありません。三世代ほど続くと、もともとは同じ家から分かれたといっても、ほぼ他人に近い存在といえます。そこで、たまに一族が顔を合わせたときに、「三代前のお祖父さんの残した日記を、是非見せてもらえませんか」という話になることが多かったようです。

時には、他人の家の日記を、別の家の人が書き写したと思われる日記に遭遇することもあります。それは、A家とB家が大変仲が良く、お互いの子供同士を結婚させた際などに、「実は僕は今度こういう儀式で責任者を務めないといけないので、お宅に伝わる日記を見せてもらえませんか?」と言い合うことがあったからです。ともあれ、こうして先祖代々伝わってきたものを、後に残すという作業を、貴族の家では脈々と続けてきた。もちろん火事で焼失したり、困窮から日記を売ったり、泥棒に取られたりすることもあったでしょうが、その中の一部が古記録として現代に伝わっているのです。

『吾妻鏡《あづまかがみ》』なくして鎌倉時代の歴史はほぼわからない

ただ、これらの日記や古記録であっても、全部が一式残っているものには、なかなか遭遇しません。虫に食われた穴や、ページの抜けも多い。読めない部分については、失われてしまった以上、実証的な手続きで空白を埋めることはできません。なぜなら、僕たち歴史研究者は、必ず何か資料を参考にし、それを根拠として実証的に行うことが基本なので、穴があいている部分を自分で復元するわけにはいきません。特に、日記の場合は毎日その人の身の上に何が起こるかなんて推測できないため、空白部分は放置することしかできません。

ですが、歴史の全体像をとらえるなかで、「文献資料の空白」をどう解釈するのかは、歴史研究者の仕事だと僕は思います。

その好例として挙げられるのが、鎌倉時代の後期に時の権力者であった北条《ほうじょう》氏が、鎌倉時代の幕府の様子を書き記し、編纂《へんさん》した日記『吾妻鏡』です。その役割について、もっと具体的に言えば、彼らの先祖である源頼朝《みなもとのよりとも》や、北条時政《ほうじょうときまさ》、北条義時《ほうじょうよしとき》、さらに広く言えば関東の武士たちが、どうやって正統性を獲得していったのかを、内外に示すための歴史書でした。おそらく、中国の王朝の『三国志』や『漢書』などを意識して作ったのだと考えられます。

当然ながら、自分たちの晴れ舞台である源平の戦いや鎌倉幕府の成立などについては、非常に活き活きと描かれており、歴史を復元する上で欠かせない書物です。『吾妻鏡』抜きでは、鎌倉時代の成立の歴史というのはほぼ分からないと言っても過言ではありません。

ただ、実は『吾妻鏡』は、室町時代に一度バラバラになっており、完全な形でなかなか残っておらず、いろんなバージョンが伝わっています。

有名なものでは、小田原北条家が所蔵していた「北条本」や島津家が持っていた「島津本」などがありますが、中でも異色なのが、大内家の重臣であった右田弘詮《みぎたひろあき》が収集し、のちに毛利元就《もうりもとなり》の息子である吉川元春《きっかわもとはる》の手に渡った「吉川本」です。この「吉川本」は、その他の『吾妻鏡』の諸本とは一線を画すものです。

そのため『吾妻鏡』を読むなら、最も基本的な写本である「北条本」と、この「吉川本」をしっかり読み比べれば、足りるということになります。

「北条本」は、当初、戦国時代の小田原北条氏が所有していましたが、その後、黒田官兵衛《くろだかんべい》の黒田家へと引き継がれたというのが定説でした。これは、北条氏が滅亡する原因となった豊臣秀吉《とよとみひでよし》の小田原征伐の際、軍師の黒田が北条氏のために非常に骨を折った。そこで、最後の当主である五代目の北条氏直《ほうじょううじなお》が、黒田への御礼を兼ねて『吾妻鏡』の写本を渡し、黒田家に伝わったものが、のちに江戸幕府へ献上され、幕府が所有した。

ところが、僕が勤める東京大学の史料編纂所の後輩に、井上聡《いのうえさとし》さんという研究者がいるのですが、彼が調べたところによると、「北条本」は北条家に伝わったものではないらしい、とわかってきた。実はこれは、徳川家康《とくがわいえやす》が、全国各地に人を派遣し、お金をかけて、バラバラに存在していた『吾妻鏡』を集め、編纂した集大成だというのです。それが、現在の「北条本」だと。言ってみれば「北条本」ではなく「徳川本」だということでした。

『吾妻鏡』に記されなかった源頼朝と上総介広常《かずさのすけひろつね》の死

しかし、時の為政者である家康が、金と権力を使い、全国に人を派遣して集めてはきたものの、『吾妻鏡』にはまだまだ穴は残っています。最も有名な穴でいえば、一一九九年に源頼朝が亡くなる部分でしょう。

後世の歌舞伎などでは、頼朝は落馬をして死んだと伝わりますが、頼朝も一応将軍とはいえ武士なので、簡単に落馬するとは考えにくい。それで結局、江戸時代には、「頼朝が義経のおばけを見た」「平家のおばけを見たんだ」というオカルト的な説から、「実は頼朝は暗殺されたんじゃないか。だから『吾妻鏡』に書き記せなかったのではないか」などという暗殺説まで飛び出すようになります。もっとも、現在では多くの研究者が、頼朝は脳《のう》梗塞《こうそく》とか脳溢血《のういっけつ》などを発症したのではないかと考えています。

そして、もうひとつの『吾妻鏡』における重要な穴。それは、一一八一年の養和元年という、少し前の時代に遡《さかのぼ》ります。実はこの時代は、いろんな大事件が起こっています。そのひとつが、上総介広常《かずさのすけひろつね》（？―一一八四年）という武士の殺害です。

上総介広常は、鎌倉幕府ができる前に、頼朝に従った関東の武士の一人です。当時、頼朝の元に集まったのが、武蔵国の畠山、相模国の三浦などでした。そのほかに、頼朝の妻の北条政子《ほうじょうまさこ》の実家である伊豆の北条氏などもいましたが、北条家の兵力は、畠山や三浦に比べると一回り小さくて、だいたい五十人くらいだったと考えられます。畠山や三浦は、戦があれば三百人くらいの武士を集められる力を持っており、「その国にその人あり」と言われるような有力武士たちです。そうした武士の一人が、上総の上総氏でした。

『吾妻鏡』によれば、上総氏は、頼朝がまだ海のものとも山のものともつかないころ、一一八〇年の石橋山《いしばしやま》の戦いのあとに味方になった人物です。この戦いで、頼朝は戦死してもおかしくないくらいの大敗を喫し、神奈川県の石橋山から真鶴岬《まなづるみさき》まで向かい、船に乗って命からがら房総《ぼうそう》半島へと逃亡します。家来もほとんど連れずに房総半島へやってきた頼朝へ、「その国にその人あり」と言われる有名武士である下総《しもうさ》の千葉氏が手を挙げて、味方になった。そして、次に、味方になったのが、この上総氏だったのです。

世界で一番豊かな歴史史料が残っている国・日本

余談ですが、『吾妻鏡』によれば、この際、上総氏は頼朝に加勢するために、「二万の兵を連れてやってきた」と書かれています。もちろん、これは嘘です。第5章でもご紹介したように、当時の人口を考えれば、二万などという軍勢はあり得ません。二千でも十分多いでしょう。ともかく、とんでもなく桁違いの力を、上総氏は持っていたのでしょう。ところが、そんな功労者ともいえる彼の死について、『吾妻鏡』には記述が存在しません。

なぜ、上総氏が殺されたのか。天台宗の僧侶・慈円《じえん》が書いた歴史書『愚管抄《ぐかんしょう》』によれば、彼の死には梶原景時《かじわらかげとき》（一一四〇―一二〇〇年）という武士が関わっています。彼は、義経の悪口を頼朝に言い続けたとして、後世非常に評判を落とした人物です。

『愚管抄』には、上総氏は、景時と一緒に夢中になって碁をしていたところ、景時が突然碁盤の上に走り上り、刀を抜いて上総氏を一刺しし、殺してしまったと書かれています。

つまり、暗殺です。当然、これは頼朝の命を受けていたのだと考えられます。ただし、頼朝が上総氏を殺した理由は、『吾妻鏡』には何も書いていないため実証的な手続きを踏めず、どう解釈するべきなのか、多くの研究者が悩むところです。

こうした空白がある時に、「史料が無いから、何もできない」と放置するのはいかがなものか。そうなれば、史料がない場合は、歴史学者は沈黙し続けなければならない。でも、それは違うのではないか。全ての時系列、全ての分野において、歴史的なデータが残っているのが理想的ですが、歴史においてそんな恵まれた事態はあり得ません。

日本は、おそらく世界で一番豊かな歴史史料が残っている国ですが、それでも欠けている部分は発生する。それでも僕たちは歴史の全体の像、すなわち「歴史像」というものを知りたいわけです。だとすれば、「どうして上総介広常は殺されたのか？」ということを考えなければなりません。

上総介広常は源頼朝の命令で殺されたのか

『吾妻鏡』には記載されていないものの、「上総介広常は源頼朝の命令で殺されたのではないか」と僕が思った理由。そのひとつは、『愚管抄』のなかで、頼朝が後白河《ごしらかわ》上皇に対して「上総介広常という家来が、『あなたは関東のことだけを考えていれば良い』と言った」という記述を根拠としています。

この記述は、なぜ頼朝は上総氏を排除したかという問いに対する、大きなヒントになります。つまり、上総氏は頼朝に対して、「関東のことだけを考えてもらいたい。朝廷のことまで口を出す必要はない」と言っていた。けれども、頼朝は後白河上皇の命令を受けた以上、「京都を守るということを自分は武士の義務として考えている」と上総氏に伝えます。こうして二人の間に意見対立が生まれたがゆえに、彼を殺さざるを得なかったのではないか。

『吾妻鏡』の記述からも、頼朝が意見の対立から、上総氏を殺害したのではないかと推測できる場面があります。一一八〇年に挙兵をした後、房総《ぼうそう》半島に一回逃亡した頼朝は、上総氏や千葉常胤《ちばつねたね》の支持を得て、今後は武蔵国に入ります。すると武蔵国の武士たちが、次から次へと頼朝の家来になるべくしてやってきた。道中に出会った様々な味方を従えて、一一八〇年十月六日に、頼朝は鎌倉へ入る。そして、源氏の昔からの根拠地である鎌倉に入り、拠点を構える。僕は、この一一八〇年十月六日に鎌倉幕府が出来たと考えているほどに、この日の歴史的意味は大きいと感じています。

その後、平清盛《たいらのきよもり》は、頼朝が鎌倉に入ったという知らせを聞いて激怒し、頼朝征伐のために関東に大軍を派遣します。頼朝も鎌倉を出発して部下を率いて平家軍を迎え撃ちます。

両者は富士川でにらみ合うものの、結局は、「水鳥の羽音を聞いた平家軍は、源氏軍が攻めて来たと勘違いし、戦いもしないで逃げ帰ってしまった」という有名な顚末を迎えます。

注目したいのは、この戦いの後に、頼朝はそのまま兵を率いて京都へ上洛しようとしたことです。ところが、頼朝の上洛を止めた武士がいた。『吾妻鏡』によれば、それは下総国にその人ありと言われた千葉常胤と、相模国にその人ありと言われた三浦義澄《みうらよしずみ》、そして上総氏でした。この三人が頼朝の馬の手綱《たづな》を抑えて「京都に行ってはいけません。あなたがなすべきは、京都に行くことではありません。平家と白黒をつけることがあなたの役ではない。あなたが今一番やらなきゃいけないことは、関東に平和をもたらすこと、関東をしっかり掌握して、関東の武士たちの期待に応えることだ」と説得します。そこで頼朝は納得し、京都へ向かうことはやめ、鎌倉へ帰りました。

なお、この直後に初めていわゆる文書行政、文書を作成しての政治が始まりました。研究者の中には、この文書による行政を始めた時に、鎌倉幕府という権力体が誕生したのだと考える人もいます。

頼朝による暗殺説を裏付ける一因——梶原景時の処遇

話を戻すと、頼朝は関東を治めることを第一の目標としたわけですが、それを勧めたのは、上総氏であり千葉氏であり三浦氏であった。それは彼ら部下たちの総意でもあったのでしょう。ここに見える頼朝の想いは、「源氏が勝つか、平家が勝つか」は二の次であった。関東をしっかり治め、それで武士たちの期待に応えるというのが頼朝にとって一番大切な目的であったということがわかります。

ただ一方で、頼朝個人は「中央政界との関係を忘れてはいけない」と思っていたことでしょう。中央政界とは、天皇、上皇、そして朝廷の存在です。関東に平和をもたらすという第一の目的を果たすためには、朝廷との関係はどうしても避けては通れないものだった。現代の言葉でいえば、外交に近いでしょう。京都との外交をきちんとやらなければ、関東での正統性をうち立てることはできない。自分たちがずっと関東で権力を振るうために、朝廷との交渉、外交が不可欠だと頼朝は考えたのでしょう。

上総介広常のような、「関東は独立すればいい。京都のことなんてどうでもいい」という考えは、頼朝からすれば「平将門《たいらのまさかど》の幼稚な思想と大して変わらない」と感じられた。将門と同じような敗者にならないためには、法的な根拠や正統性を朝廷からちゃんと獲得する必要がある。そう、頼朝は考えたのでしょう。

彼の発想は、後世の人間からすれば当然だと思えますが、当時の武士たちが「関東のことは関東で決めればよい。わざわざ朝廷に話を通さないで良いじゃないか」という単純な考え方を持っていても、おかしくない。でも頼朝は、それじゃダメなんだ、と考える。そうした文脈の中で、上総氏は排除されたんだろうと考えられます。

また、梶原景時の処遇も、頼朝による暗殺説を裏付ける一因です。普通に考えれば、景時が、個人的な私怨で殺害を企てたなら、これは立派な殺人事件になるので、犯人として裁判にかけられるはずです。ところが、景時がそうした罰を受けた形跡はない。だから、これは頼朝の命を受けて、大義の元に殺したのだと考えられる。景時は褒められこそすれ、罰せられることがなかったのだとわかります。

このように「文献資料の空白」が生まれている時代であっても、科学的根拠から解釈を打ち立てることは、決して不可能ではないのです。

歴史学者は「通史」を諦《あきら》める必要はない

『吾妻鏡』の空白のように、文献資料の空白を科学的根拠に基づいて埋める作業に対して、歴史研究者は本来もっと向き合っていくべきです。なぜなら、その空白を埋めない限り、時代の流れを追った歴史である「通史」が構築できないからです。あまり実証に拘《こだわ》ってしまうと、歴史の資料が無い部分に関しては黙るしかなくなる。そうなれば、通史を書くことはできません。

こう語ると、通史というものは絶対に必要なものなのかという疑問も湧いてくるかもしれませんが、歴史学において通史は非常に重要な存在です。日本全体の歴史、あるいは関東地方の民俗史や四国地方の経済史など、まとまりとしての歴史を構成しないと、歴史の全体の本質は見えてきません。

通史というものがあってこそ、初めて全体が見え、ひとつの事件の存在や役割が活きてくる。だからこそ、先人たちによって、日本の通史が何回も書き直されているとも言えます。

ところが、最近は、「歴史書に空白があるのだから通史を書くのはよくない」と言われることもあります。これはおかしい。僕らの先輩方が、長い時間をかけて通史を書いてきている以上、通史の制作を諦める必要はないと僕自身は感じています。

では、通史を作る際、空白の部分をどうやって埋めるか。必要なのは演繹《えんえき》と帰納《きのう》という二つの思考法です。演繹は、一般論や定説などの全体の流れから、個々の正しい結論を導き出すというもの。一方、帰納は、ひとつひとつの歴史事象を並べて、全体の流れを捉えるというもの。

たとえば、帰納法で、先ほどの上総介広常殺害事件について考えてみると、当時の関東の武士が何を考えていたのかがわかります。他のどの事件、どの争いを見ても、関東武士の最大の願いは、自分の土地や財産を誰かに保証してもらい、守ってもらうことでした。

この時は律令国家だったので、各国には「国衙《こくが》」という役所（現代の県庁）が設けられ、役人が置かれていました。これに対して、現代の多くの人は、「国衙に訴えれば、他人の土地の所有権を侵害した奴を罰せられるじゃないか。なぜわざわざ他の誰かに土地を守ってもらう必要があるのだろうか」と考えるかもしれませんが、実態は全く逆です。

当時の関東地方は非常に田舎の地で、土地の権利をしっかり守ってくれる人は存在しません。さらに言えば、そうした田舎の有力者である武士たちの土地を、虎視《こし》眈々《たんたん》と狙っていたのが、朝廷の出先機関である国衙の役人たちです。つまり、役人たちは田舎者の土地を守るより、取り上げる方に熱心だった。

それを知っておくと、関東の武士たちの悲願は、そうした朝廷の力を撥《は》ね退《の》けることだったとわかります。朝廷の圧力を撥ね退けられる、自分たちの代表者を作り、「お前の土地はお前のものだ、それを俺が認めてやる」と保証してもらうこと、それが彼らの願いだったのです。

なぜ、鎌倉幕府に主従制が生まれたのか

それを最初にやろうとしたのが平将門《たいらのまさかど》ですが、稚拙さゆえ、その構造はすぐに破綻を迎えます。それから何百年も経って、条件が整い、ようやく源頼朝という人物の下に武士が集まり、結集し、権利を獲得した。それが、鎌倉幕府の真の姿だったのです。ここではまさに、トマス・ホッブズの『リヴァイアサン』で描かれるような「万人の万人による闘争」が起こっていたのです。

止める者のない闘争が続けば、人々は疲れ果てます。仮に大きな力を持っても、油断す

れば後ろからいつ刺されるともわからない。寝ているときに寝首を掻《か》かれる恐れだってあります。その事態に疲れ果てた武士たちは「自分たちの権利を譲渡するから、その代わり王を作ろう。王に自分の権利を差し上げ、その代わりに自分たちを守ってもらおう」と考え、王を推戴《すいたい》したのです。

ジャン・ジャック・ルソーの『社会契約説』でも、王の誕生は、民衆との契約によるものだと言及されています。競争が続けば共倒れになることを、人々はわかっている。「王権神授」のように神が王を遣わしたと考えるのではなく、自らの持つ権利の一部を譲り渡すことで権力者を作り、その権力者に自分を守ってもらうという契約が行われた。その権力者として、関東の武士たちに選ばれたのが、頼朝だった。

当時の鎌倉の武士たちは、争いに疲れ、自分の土地や財産を守るために、頼朝という自分たちの主人や将軍権力というものを作り、その将軍権力によって自分たちの土地、財産を守ってもらおうと考えたのです。その代わりに、自分たちは有事の際には、命を投げ出して、頼朝のために戦う。これが「主従制」という関係を生んだと考えられます。

演繹法と帰納法で「文献の空白」は埋められる

十二世紀の終わりに、関東の武士たちは自分たちの財産を守るために、権力者を必要とした。この歴史の流れがわかってきたら、次に、先ほどの上総介広常はなぜ排除されたのかという問いについて、演繹法で考えてみたいと思います。

権力者である源頼朝は、「関東の武士たちの財産を守るという目標を達成するためには、京都にある既存の権力体と外交交渉し、関東の権力を正統化する必要がある」という考え方を持っていました。でも、その重要性が上総介広常にはなかなか分かってもらえない。だから、頼朝は上総氏を排除した。さらに、その殺害によって、朝廷との関係の大切さや自分が掌握している権力について、その他の家来たちに分からせようとしたのではないかとも考察できます。

たくさんの事例を集めて、ひとつの流れをあぶり出すのが帰納。そして、あぶり出されたひとつの流れから、ひとつひとつの個別の事件を解釈し直すのが、演繹です。この二つの考え方を使って、「歴史資料の空白」を埋めていくことが、歴史学者の科学的な態度であると思っています。

このように演繹法と帰納法を使うことで、文献の空白は埋めることができる。よって、通史を成り立たせることも可能だと、僕は考えています。

「理屈ではないが、感覚的に何となく理解できる」――「アプリオリ」の思考法

演繹法と帰納法の先に、近年ヨーロッパの思想研究者の間で注目を集めている思考法として、「アプリオリ」というものがあります。

これは、演繹や帰納を飛び越えた推論法として知られており、簡単に言えば「理屈ではないが、感覚的に何となく理解できる」という認識の方法です。

たとえるなら、飲食店に入って、まだ料理を食べてはいないけれども、お店の雰囲気や接客サービスを見て、「すごくおいしい料理が出てくるに違いない」と思うこともあれば、「きっとたいしたことないんだろうな」と、どんな食べ物が出てくるかがなんとなくわかる。そんな経験に近いです。もちろん、時にはその感覚は裏切られることもあるでしょう。

男女の恋愛も、まさにそのようなもの。付き合う前に「この人とは相性が良さそうだ」

とか「この人とは友だち止まりだな」と判断することがあるでしょう。その感覚は当たることもあるし、ハズれることもある。ただ、はっきりとした根拠があるわけではないのに、勘が冴えるときもある。この感覚が「アプリオリ」です。

なぜ、「アプリオリ」が成立するかというと、僕らは日常的に演繹と帰納を使っているからです。先ほどの男女の恋愛にしても、なぜ、「この人は相性が良さそう」「この人との恋愛はむずかしそう」と思うのかというと、これまでの経験則を元に、気になるタイプを無意識に体系化し、自分の感覚の中に落とし込んでいるはずだからです。たとえば、自分がこれまで出会った人をイメージしたときに、犬猫や子供など、自分より弱い者に対して優しい人は、人に対しても優しい人が多かったとします。すると、犬などを可愛《かわい》がっている人を見ると、感覚的に「この人は心が温かいのではないか」と好感を抱くのではないでしょうか。

そうした感覚を、多くの人が己の経験値の元に持っています。これは、演繹と帰納を超えて、歴史学での解釈でも使えるのではないかと、最近僕は思っています。

分かりやすい例でいうと、大学での卒論の指導などで、学生に希望のテーマをたずねた時に、「その方向性はスジがいいな」とか「これはスジが良くないからやめた方がいい」

と、教授陣が意見します。いまから二十五年以上も前、僕が三十歳前後の駆け出しだった頃、卒論のテーマに、坂本龍馬《さかもとりょうま》や新選組を選ぼうとする学生が非常に多かった。当時から、坂本龍馬や新選組の人気は高かったのです。でも、教授たちは、「それはスジが悪いからやめなさい」と諭し、別の卒論テーマを選ばせるようにしていたそうです。

これはまさに、教授陣たちの経験が積み重なった末、アプリオリとして、「スジの良し悪し」を判断していたのでしょう。

そのようにしてアプリオリな世界を踏まえると、僕たちのような歴史文献の研究者は年を取るのが怖くなくなります。なぜなら、経験則をしっかりと積み、それなりに勉強や研究を続け、自分の中で一生懸命学問を考えて、毎日を過ごしていけば、五十代や六十代になった時に、今までの蓄積が熟成されて、演繹、帰納を超えた、「なんとなくいいな」「なんとなくよくないだろう」という判断ができるようになるからです。そして、その考え方によって、何か新たな面白い発見が出来るかもしれません。

理系の数学者などの場合は、「二十代でひらめかなければ一流とは言えない」と言われることがあります。ただ、僕らのような文系の研究者たちは、仮にひらめきが生まれなくても、少しずつ勉強して行くことで、空白を埋める考察力を蓄積することができる。歴史はウサギではなくて、カメが勝つ世界です。だからこそ、歴史学はいくつになっても、精進し続けられる学問なのだと思います。

第7章　日本史の恋愛事情

――女性史の空白――

当時の貴族はイタリア人に負けないほど伊達男《だておとこ》が多かった

「女性史の空白」を考える上で、最初に意識していきたいのが、婚姻をどう整合的に捕捉するかということです。

近代日本では、嫁取り婚が一般的です。でも、歴史を振り返ってみると、必ずしもいつの時代も嫁取り婚が主流だったわけではありません。

平安時代の『源氏物語』や『枕草子』の世界では、いわゆる婿《むこ》取り婚が、結婚の一般的な形態でした。これは、女性の家に男性が通うというもので、いまとは真逆の形をとっていました。

まず、男性は「素敵な女性がいる」という評判を聞いたら、その女性に和歌を送ります。当時の貴族は、イタリア人男性に負けないほどに伊達男《だておとこ》が多く、「美しい女性がいたら、口説くのが礼儀」とばかりに、とにかく女性を口説きまくっていました。

その歌を見て、女性が「この男性はセンスがいいな」と思えば、「じゃあ、会いましょう」と歌を返します。今の時代でいえば、ＴｗｉｔｔｅｒやＬＩＮＥで知らない人とやりとりしていて、「この人おもしろそうだから会ってみよう」と思う感覚に近いでしょうか。

そう考えてみると、昔から日本人は文字などのテキストのやりとりから、恋愛関係へと発展させるのが得意な民族だったのかもしれません。

さて、女性から返歌をもらったら、いよいよ男性は女性の家に忍んでいきます。そこで二人で初めて会い、語らいます。もちろん、大人の男女ですから、語らうだけではなく、なんらかの男女の関係を結ぶ。その後、帰宅した男性は、女性に「昨日は楽しかったです」と文《ふみ》を送ります。これを「後朝《きぬぎぬ》の文」と呼ぶのですが、一晩一緒に過ごしたものの何も連絡しない男は、女性に興ざめされてしまう。逆に、翌朝、きちんと後朝の文を送ってアフターケアをする男性は、女性たちから非常に高い評価を得ていたようです。和歌を貰《もら》うことで、女性側も、「この方は素敵だからまたおめにかかりたい」と思い、男の文を待ちわびるようになったのかもしれません。

その後、また男性が文を通じて再会のお願いをして、女性がＯＫを出す。このやりとりが大体三回ほど続けば、男女の関係はもう一段階進みます。

次の段階は「床あらわし」と呼ばれ、女性側が「私はこういう人とお付き合いしています」と両親に男性を紹介するというもの。ここで、お父さんとお母さんから「素敵な男性で良かったね」と祝福されれば、婚姻が成立したことになります。

現代に比べると、婚姻が非常に手軽に行われていたことがわかります。もちろん、会う回数がもっと多い場合もあるでしょうが、貴族や身分の高い人の結婚は、主にこの形式で行われていました。

婚姻が成立した後も、男女が一緒に住むわけではなく、女性の家に男性が通うという形式は変わりません。結婚後、夫が足しげく妻の家に通う場合もあるし、逆に心が離れてしまい、全然妻の家に足を向けず、自然消滅してしまうこともありました。

「婿取り婚」から「嫁取り婚」への変化

こうやって見ると、「女性中心の恋愛なのかな」と思うかもしれませんが、そこは少し誤解があります。もちろん、当時の日本は多夫一妻制ではありませんし、一人の女性のところに同時に複数の男性が通うことはありませんでした。女性側が同時進行で複数の人と恋愛することはなく、女性は男性が来るのを待つだけ。男性側は同時に何人かの女性の家に通うことが常でした。

では、子供が生まれた場合はどうだったのか。女性が子供を産むと、生まれてきた子供は母方の祖父母、すなわち妻の実家で育てられました。これがいわゆる「婿取り婚」です。日本の女性史学を確立した民俗学者であり、女性の地位向上のために戦った活動家でもある高群逸枝《たかむれいつえ》さん（一八九四―一九六四年）という研究者がいます。彼女は、日本の婚姻の状況を非常に克明に研究した方でもあり、婿取り婚を「招婿婚《しょうせいこん》」と名付けて紹介しています。

なお、平安時代以降、婿取り婚は、段々と嫁取り婚へと変わっていきます。では、いつ頃から婿取り婚が鳴りを潜め、嫁取り婚が始まったのかといえば、おそらく平安の後期ごろ。そして、この婚姻形態の変化は、政治にも大きな影響を与えることになります。

平安時代の政治形態といえば、摂関政治があります。摂関政治のしくみは、天皇家と藤原家の女性が子供を作り、その子供が新しい天皇になる。そして、母方の祖父である藤原氏が、自分の孫である天皇の代わりに政治の実権を握り、巨大な権力をほしいままにしていました。

摂関政治では、摂政、関白になれるのは「母方の親戚」です。祖父が権力を持つこともあれば、叔父や伯父が権力を持つこともあります。

ところが、平安後期に入ると、摂関政治に代わって登場するのが院政です。院政は、母方ではなく、父方の祖父、つまり天皇の父や天皇の祖父である先の天皇が、天皇家の家父長として力を持つという形式を取ります。

平安時代の前期・中期では母方政治が主流でしたが、後期になると父方の政治へと移行する。このように母方の政治から、父方の政治への変革が起きたのは、婚姻形態が変わったのとほぼ同じ時期です。結婚形態が変わったから政治の形態も変わったのか。それとも、政治の形が変わったので結婚形態も変わったのか。これについては、厳密にはわかりません。ただ、一般的には、結婚形態が先に変わったため、政治の形態に反映されたと考えられています。

「招婿婚《しょうせいこん》」で生じる財産問題

ここでひとつ、不思議なことがあります。前出の高群先生は自身が提唱した「招婿婚」について、非常に分厚い本の中に自身の研究結果を書き記しています。その中で、多くの研究者が疑問に思うのが、招婿婚で母方が重視される一方、父方の系図は残っているものの、母方系図が存在しないという点です。

多くの家では、父がいれば、その上に祖父がいて、曾祖父がいて……と男性の血筋でつながった家系図が残されています。もし、母方の系図を作った場合、その系図とは全く違うものができるはず。本来であれば、「母がいて、その上に祖母がいて、曾祖母がいて……」という母方の系図があってもおかしくはないものの、母方の系図というものは、存在しません。

それは、平安時代でも同様です。平安時代の前期・中期といえば、藤原氏が栄え、その他に大伴氏や菅原氏がいました。しかし、摂関政治で母方を重要視していたはずの藤原氏でも、系図は男でつながっています。

日本で最も明らかな家系図を持つ天皇家にしても、外部からいろいろな女性が入り、子供をなしているのにも関わらず、母方の系図は存在しない。そうなると、そもそも「招婿婚」とは何かという疑問にぶち当たります。

それに付随する「招婿婚」の問題として挙げられるのが、財産の問題です。男性が女性の家に通い、子供が生まれる。男の子が生まれ、母方の祖父母に育てられた場合、困るのが財産です。実は、このあたりの研究は、あまり進んでおらず、まさに歴史上の「空白」になっています。

男系家族の場合は、代々男性に財産が受け継がれていきます。でも、女性の場合は、どうやって受け継いでいくのか。そのあたりがよくわかっておらず、当時の婚姻関係における空白を生んでいます。

人類史の最も古い時代における家族形態は、「単婚小家族」

婚姻形態を考える上で、非常に参考になるのが、フランスの研究者であるエマニュエル・トッド氏の研究です。トッド氏は、人口学の極めて優れた研究者です。彼は、人口の研究を進めるうちに、結婚の形態について一つの理論を打ち立てています。

トッド氏に会う前、僕は、将来的には人間は家族という単位を失い、一人で生活することが当たり前になるのではないかという推論を立てていました。なぜなら、人類の歴史は大家族から始まり、ひとつの家に大人数で共同生活をするのが一般的だった。昭和に入り、核家族が増え、近年は離婚率や未婚率も高くなっている。だからこそ、未来の社会では、人間が一人で生活を営むのが一般的になるのではないかと考えたのです。

ところが、トッド氏いわく、婚姻の歴史を考えるには、より長いスパンで歴史を大観することが求められるそうです。実は、人類史の最も古い時代における家族形態とは、大家族制ではなく、「単婚小家族」と呼ばれる家族形態が一般的だそうです。

単婚小家族の場合、夫婦の間に子供が生まれたら、何人子供が生まれても、全員平等に扱います。受け継ぐべき財産という概念がまだない時代には、両親の前では子供に優劣はなかった。子供たちが成長したら、親元から巣立ち、自らのパートナーを見つけ、子供を産む。生まれた子供は平等に育て、時が来たら巣立ってもらいます。

そして、単婚小家族の次に、人類史に登場するのが「直系家族」です。

直系家族の場合、複数の子が生まれた場合は、子供の中から一人が跡継ぎとして選ばれます。跡継ぎとなった子供は両親と一緒に住むけれども、他の子供たちは自立し、その家からは出ていくことになる。跡継ぎにパートナーができて、子供を産んだら、その中からまた一人の子供が選ばれ、両親と暮らす。その繰り返しによって、家族が代々つながっていきます。

直系家族がさらに複雑になったものが、「大家族」です。この形態になると、子供は大人になっても、全員が両親のいる家で暮らし、それぞれにパートナーを持って、子供を産む。結果、第一世代、第二世代、第三世代がごちゃ混ぜに、一緒に住むことになります。

明治以降や戦前の地主の家などでは、大家族制が主流だったため、大家族は古い家族形態だと考えられがちですが、実は大家族制というのは、家族形態としては、かなり後期に出てくるものだと言えます。

大家族制を保つには十分な財産が必要ですし、全員が住める大きな家を用意する必要がある。かなり複雑な家族形態であるため、初期の人類史に登場しなかったことも理解できます。

新しい家族形態は、一番古い国を中核とし周辺の国へと押し出されていく

さらにトッド氏は、家族形態の推移に地域差という軸を加えることで、より興味深い検証を行っています。

世界中を東アジアやヨーロッパなどのいくつかのエリアに分けた場合、それぞれのエリアに一番古い歴史を持つ国が存在します。たとえば、ヨーロッパならギリシャやローマ。東アジアならば、中国。こうした一番古い歴史がある国に、最初に単婚小家族が生まれた。そして時が経つとともに、次第に単婚小家族は直系家族へと移行します。

ここで単婚小家族は消滅するのかと思いきや、今度は、最も歴史が古い国の周辺国で、単婚小家族が生まれます。ヨーロッパでいえば、ギリシャやローマの次に歴史が古いドイツやフランス。東アジアなら、朝鮮や日本、ベトナムなどの国に、単婚小家族が押し出されます。

続いて、ローマやギリシャ、中国のような歴史の古い国で、直系家族に代わって大家族が生まれると、またもや周辺国に直系家族が押し出されていきます。では、周辺国にいた単婚小家族はどこに行くのかというと、今度は、さらに地方のエリアに出現します。

東アジアでたとえるならば、中国で大家族が生まれると、朝鮮、日本、ベトナムのような周辺国へと直系家族が押し出されていく。そして、それまで周辺国にいた単婚小家族は、南の赤道付近にある東南アジアの島々などで誕生するのです。

地域の軸で考えても、一番歴史が古い国、中程度に歴史がある国、そして、歴史が浅い国の三段階の分類がある。そして、一番古い国を中核とし、新しい家族形態が発生するたびに、周辺の国へと押し出されていく現象が起こります。

柳田國男が提唱した「蝸牛考《かぎゅうこう》」

このように、ひとつの文化が周辺へと押し出されていく動きは、民俗学者である柳田國男《やなぎたくにお》が提唱した方言周圏論「蝸牛考《かぎゅうこう》」に非常に近い。「蝸牛考」の中で柳田國男は、近畿地方を中心として、カタツムリの呼び方が同心円的に存在すると指摘しました。近畿地方では、カタツムリのことを「デデムシ」と呼びます。日本地図を開き、近畿地方にコンパスの針を置いて円を描くと、その同心円が重なる地域では、カタツムリの呼び方が同じであることを発見したのです。

まず、中部地方と中国地方では、カタツムリを「マイマイ」と呼ぶ。関東地方と四国では「カタツムリ」。東北や九州では「ツブリ」。そして、東北の北部や九州の西部では「ナメクジ」と呼びます。発生の推移を見ていくと、一番古い呼び方が「ナメクジ」で、次が「ツブリ」、「カタツムリ」、「マイマイ」の順番で古く、最も新しい呼び方が「デデムシ」だと考えられる。つまり、近畿に地理的に近いほど文化が新しく、遠いほどに古くなるということ。これは、まさに家族形態の推移と非常に近しいと言えるでしょう。

なぜ天智、天武、持統天皇あたりで、皇位継承の方法が変わったのか

ここで再び、招婿婚に立ち返って、考えてみましょう。

以前、私がトッド氏と対談した際、日本の家族形態のひとつとして、天皇の家系図のモデルを見てくれないかとお願いしたことがあります。その際、トッド氏に言われたのは「時期として家族形態の変化が起こったのは、天智《てんち》天皇、天武《てんむ》天皇、持統《じとう》天皇のあたりではないか」ということでした。

天智天皇、天武天皇、持統天皇が登場する前の時代、天皇の継承はどうだったのかを見ていくと、たしかに兄弟間で地位が受け継がれることが非常に多かった。たとえば、五七二年に天皇になった敏達《びだつ》天皇（五三八―五八五年）の後は、用明《ようめい》天皇（五一八―五八七年）、崇峻《すしゅん》天皇（五五三―五九二年）、推古《すいこ》天皇（五五四―六二八年）と続きますが、系図を見ると横並びで記載されていることからもわかるように、全員が兄弟です。

兄弟が平等に扱われるのは、単婚小家族の特徴です。兄弟同士が同じ地位にいるため、財産や地位も父母から子へと受け継がれるのではなく、兄の次は弟、妹へと、横並びで引き継がれていくのです。

ところが、天智天皇、天武天皇あたりになると、父から子供へ皇位が受け継がれていくようになり、直系家族が生まれます。天智天皇の死後、皇位をめぐって天智系と天武系のバトルが起こり、壬申《じんしん》の乱では、天智天皇の息子である大友皇子《おおとものおうじ》が同天皇の弟である大海人《おおあまの》皇子《おうじ》に負けて、大海人皇子が天武天皇として即位します。

でも、その後は、天智天皇の息子や孫といった子孫が天皇制を引き継いでいき、現在の天皇陛下も天智系です。だから、血脈で見ると、天智系が勝ったと言えます。特に持統天皇は、夫である天武天皇にも愛情はありますが、父である天智天皇を非常に敬愛しているファザコン気味の気質を持つ人でもありました。だから、「天智天皇の娘である私は、父の血統をちゃんと後世に残さなければ」という意識が非常に強かったのも、関係しているかもしれません。

それにしても、なぜ天智、天武、持統天皇あたりで、皇位継承の方法が変わったのか。おそらく、西暦七〇〇年頃に婚姻形態が変わりはじめ、単婚小家族から直系家族になったのではと考えられます。

この本でもご紹介してきましたが、西暦七〇〇年前後というのは、日本という国の基礎ができた時代です。「天皇」という名称や、元号、律令制度が始まったのもこのあたりです。家族の在り方は、人間の根幹をなすものです。そのため、もしかしたら、婚姻の変化によって、いまの日本という国の土台が生まれたと考えても、決して不思議なことではないかもしれません。

日本の歴史に直系家族が生まれたのが西暦七〇〇年前後ならば、日本に大家族制が誕生したのはいつなのか。これについて、前出のトッド氏は、「日本では大家族制というものは実現しなかった」と指摘しています。資産家や地主の家などでは、時々大家族が生まれることがありますが、基本的には日本は直系家族が基本です。

では、そのなかで、招婿婚はどう位置づけられるのかというと、単婚小家族から直系家族が定着する間に生まれた想定外のバグ、つまり欠陥だったと考えられます。

人類史にひとつの大きな原則が生まれるまでは、何百年という長い年月がかかるため、原則以外の様々な亜流が登場しては消えることを繰り返します。仮に、招婿婚がそんな亜流のひとつであり、バグだったとしても、長い歴史の中では、ひとつの婚姻形態が百年間以上続く可能性は、十分あり得る。

そう考えると、招婿婚は、直系家族が定着し、嫁取り婚が社会に誕生するまでの例外措置のひとつだった。招婿婚が直系家族を元にして生まれたとしたら、当時の家系図が男の血縁でつながっている理由も証明ができる。

結果、突如として現れ、消えていった招婿婚による「婚姻形態の空白」は、トッド理論を元にして埋められるのではないでしょうか。

江戸時代以降の「長男が偉い」という考え方は、儒学の影響

なお、直系家族について補足すると、直系家族では兄弟は平等には扱われず、跡取りになれるのは一人だけ。儒学の教えに乗っ取れば、跡取りになるのは長男です。

儒学では、父に対する孝行が教え込まれますが、その上で重要とされるのが「孝悌《こうてい》」という考え方です。「孝」は父への孝行。「悌」は兄や年長者を敬う精神を指します。日本ではあまり使われない概念なので、理解するのが難しいのですが、僕の高校時代の先生は、この「悌」という言葉を「弟らしく振舞うこと」と訳していました。たしかに、それ以外にあまり良い言葉が思い浮かびません。

儒学では、兄弟の中では弟よりも兄が偉い。これは、江戸時代の長子相続の考えにも通じるものです。日本には室町時代の後醍醐《ごだいご》天皇の治世の際に、宋《そう》学という儒学が入ってい

ますが、本格的に儒学が入ってきたのは江戸時代です。儒学の教えが広がることで、親孝行や長男が相続する長子相続が一般的になる。

逆を言えば、江戸時代になって、儒学が定着するまでは、日本では長子相続は必ずしも行われていませんでした。たとえば、鎌倉幕府を開いた源頼朝《みなもとのよりとも》は三男ですが、彼は母親の身分が高かったので、生まれたときから跡取りだと決められていました。このような事情で、当時は兄ではなく弟が家を継ぐことも頻繁に起こっています。つまり、江戸時代以降の「長男が偉い」という考え方は、あくまで儒学の影響だと考えられます。

ヨーロッパの王室では、男女の性別を問わずに最初に生まれてきた人が王になります。これは、儒学にはない「最初に生まれてきたものを重んじる」という思想です。

放牧などを生業《なりわい》とする遊牧民の場合は、長子相続と全く逆の、末子相続が採用されています。この場合、跡取りになるのは最後に生まれた末っ子です。上の子たちは成人に達すると、親の持つ羊などの家畜を分けてもらい、次々と独立していきます。そして、最後に残った子どもが、両親と一緒に住み、残った財産をもらう。

直系家族の跡取りが長男なのか、末っ子なのか、あるいは男女の区別があるのかどうかを調べてみると、なかなか面白い研究になるのではないでしょうか。

貴族文化のど真ん中――「和歌」のメインテーマは「恋」

平安時代は、日本の歴史を振り返ってみても、非常に平和な時代でした。戦争がなく、外圧もない。予定調和的で変化がないし、どう考えても産業革命などは起きそうにもない。でも、だからこそ、平安時代は女性が活躍できる素地が整っていた時代でもありました。

戦いにおいては、どうしても生物学的には男性の方が強い。最近では、銃などの武器があるため、アメリカのライフル協会は「銃があるからこそ、男女平等の社会が実現する」などと言っていますが、それが正しいかはさておき、当時は女性が男性と対等に戦えるだけの強力な武器もありません。

そうなれば、ひとたび戦争が起こると、必然的に戦いに行くのは男性です。女性は男性に守られ、その代わりに子供を産んで血をつないでいく役割を担います。男は敵と戦い、女は子供を産み、家庭を守ることが求められます。

でも、平安時代は戦いがない時代なので、戦いにそれほど重きは置かれません。すると、女性がどんどん進出し、活躍します。実際、女性である紫式部《むらさきしきぶ》が書いた『源氏物語』が当時の代表的な作品と呼ばれていたことからも、貴族社会において女性の地位は非常に高かったはずです。

もちろん、第3章でもご紹介したように、平安時代当時に『源氏物語』を読むことができた人間がどれだけいたのかといえば、ほんの一握りの貴族だけだったことは確かでしょう。高貴な女性たちのサロンで生まれた作品を、この時代の代表作とするのは、一般の農民たちにしてみれば遺憾かもしれません。

でも、美というものが、どうしても一種のスノビズム、俗物性を孕《はら》んでいるなかで、それをどう磨いていくのかが肝心です。その美しさを極限まで磨いていった貴族社会において、日本文化の中心にあるものは何だったのか。

その問いに対して、小説家の丸谷才一《まるやさいいち》さんは「恋だ」と指摘しています。たしかに、平安時代の貴族文化の中心にあるのは何と言っても和歌である。これに、反対する人はいないでしょう。

貴族は絵や音楽も嗜《たしな》みますが、でも、何をまずやるかと言えば歌を作ることです。武士が台頭し、朝廷が追い詰められた時代である江戸時代。その当時の後光明天皇（一六三三―一六五四年）は、「我々は歌を重んじ過ぎたから武士にやられた。だから、私は歌は歌わん」と言ったという逸話もあるほどです。ただ、天皇は和歌が下手だったのかというと、そういうわけでもない。

ある時、父親の後水尾《ごみずのお》天皇が、後光明天皇に対して「歌が下手だからそういうことを言うのだろう」とからかったら、天皇は「そんなことはありません」と言い返し、当意即妙な歌を作って見せたと言われています。やはり、貴族の嗜《たしな》みとして、きちんと歌を作るセンスは培っていたのですね。

現代では、「歌を詠《よ》む」という行為は、女性的なものだと考えられがちですが、その見方は一面的すぎます。歌を詠むことは、当時の貴族文化の真ん中に位置する行為です。しかも、歌を詠むときのメインテーマは「恋」。これは漢詩の世界とは全く正反対をなすものです。

中国の「漢詩」は、大切な出世のためのツール

漢詩を読む、文章を書く、漢字を操る。中国では、これらの行為が、その人の能力を判断する第一の要素となります。

中国が実施していた官吏《かんり》登用試験である科挙《かきょ》で、その人物の才能を問う判断基準は、

「漢字をどれだけに扱えるか」「文字に対して、この人はどういう姿勢を取っているのか」でした。だから、科挙の試験では、受験生たちにひたすら文章を書かせ、その文章で判断していました。現代の感覚で言うと、論文を書かせるのに近い。それほどに、文字との関わり方にすべての知性が凝縮されるのだと、中国では考えられていた。それゆえ、中国の男性はうまい漢詩を書ければ、高い官職に登用されるのが一般的でした。

しかし、漢詩には女性や恋をテーマにしたものは、一切ありません。中国は日本よりも性文化が発達した国ですし、恋愛も盛んでしたが、女性が文字と関わることを認めていませんでした。女性は科挙を受けられないし、たまに女性の大学者も存在するけれども、それはごくごく例外的です。仮に、大変有名な学者の家に生まれたとしても、女の子の場合は「本を読め」とは言われない。

中国では、詩や歌は恋愛に使うものではなく、あくまで出世のための大切なツールだったのです。

「色好み」として知られた和泉式部《いずみしきぶ》の奔放な恋愛模様

ところが日本の場合、和歌のメインテーマは「恋」です。男性だけではなく、女性も高い教養を持っているので、好きな相手に和歌を送り合うという文化が発展した。ここに中国との大きな違いがあります。

また、平安時代の日本では、恋愛をしている人ほど、尊敬される風潮さえあったのです。恋愛が盛んな男女を指す言葉に、「色好み」という言葉があります。これは現代ではマイナスにとられがちですが、当時は「恋愛をしっかり楽しんでいる人」「気持ちに余裕がある大人っぽい人」として、プラスの評価を受けていました。

その時代、「色好み」として知られたのが、紫式部の同僚であった和泉式部《いずみしきぶ》という女性です。彼女は歌人としても大変有名な人で、藤原道長《ふじわらのみちなが》の娘であり、一条天皇《いちじょう》の后《きさき》だった藤《ふじ》原彰子《わらのしょうし》（九八八—一〇七四年）に仕えていました。

当時は、天皇のお后の周囲に、優秀な女性をはべらせ、サロンを開くのが一般的でした。和泉式部も紫式部も大変優秀な女性だったので、藤原道長は最愛の娘である彰子の相手役として、とびっきりの才女を選んだのです。

さて、和泉式部はどのように色好みな女性だったのか。まず、彼女は別居中の夫がいたにもかかわらず、冷泉《れいぜい》天皇の第三皇子であった為尊親王《ためたかしんのう》に求愛されます。その後、為尊親王が亡くなった後は、その弟の敦道親王《あつみちしんのう》からも求愛され、恋仲になります。なんと二人の親王、しかも兄弟から求愛され、その愛を受け入れるという奔放な恋愛模様が世に知られ、彼女は「浮かれ女《め》」と呼ばれていました。これは、今の言葉にすれば「ビッチ」などの表現が近いでしょう。

当時の価値観からすれば、これだけ恋愛が盛んなことは、非常に誇らしいことだと思うのですが、あまりにも身分違いの恋だったせいか、彼女の評判はあまり良いものではありませんでした。

ただ、和泉式部の場合は例外として、当時の社会では「色好み」というのは男女ともに大変なプラス評価でした。

日本は男尊女卑社会だとして、いまだにユネスコなどに指摘されることもありますが、歴史的に見ると、女性がすごく大切にされている時代も存在したのです。

おそらくそうした時代に変化が生まれたのは、武士が登場したあたりからではないかと考えられます。室町時代くらいまでは文化面では貴族が優位に立っていました。文化面における女性の比重は重いので、当時もまだ女性が活躍できる素地は相当にあったのではないでしょうか。

そして、戦国時代。当時の女性の肖像画を見ると、だいたい立膝《たてひざ》をして、ゆったりとした衣服を着ています。なぜ、そうした肖像画が残っているのかというと、あれが当時の女性たちの正装だったからです。当時の女性たちにとって、絵を書いてもらうことは一生に一度あるかないかの晴れ舞台。だから、一番良い晴れ着を着て、正装して登場します。明治時代の軍人の肖像写真を見てみると、たくさんの勲章を付けていますが、あれと同じようなもの。

逆に言えば、当時の女性の正装とは、立膝してゆったりした衣服を着るというもの。正座をしたり、身体を締め付けるような衣服を身にまとうことは、戦国時代の女性たちは求められていなかったのです。

その風潮が変わり始めるのが、江戸時代です。なぜ、ここで女性の立ち位置が変わったのかは、明確ではありません。でも、個人的には、儒学の影響が色濃いのではないかと思います。儒学では、女性は、娘時代は父に従い、妻になれば夫に従い、夫の死後は息子に従うべきだと言う「三従の教え」にあるように、極めて男性優位な思想が強い。こうした影響により、女性の地位が下がっていったのではないかと思います。

恋愛でドロドロの修羅場を体現した管野《かんの》スガ

ただ、やはり日本文化の枠と言えば「恋愛」です。そして、恋愛は、女性が男性と対等に渡り合える場面でもあります。明治以降、女性解放運動が起こり、女性の権利向上を訴える活動家が多数登場しますが、実はその一方で恋愛面はドロドロの修羅場が多数巻き起こっていました。

たとえば、女性活動家として有名な平塚《ひらつか》らいてう（一八八六―一九七一年）は、妻子ある作家・森田草平《もりたそうへい》と心中未遂事件を起こしていますし、社会思想家の大杉栄《おおすぎさかえ》（一八八五―一九二三年）という一人の男性を巡って、婦人活動家の伊藤野枝《いとうのえ》（一八九五―一九二三年）をはじめとする三人の女性たちが繰り広げられた四角関係のバトルも有名です。

唯一、女性活動家で浮いた話を聞いたことがないのは、市川房枝《いちかわふさえ》（一八九三―一九八一年）です。婦人運動家として、さらには政治家として活躍した彼女ですが、政治家の菅直《かんなお》人《と》は彼女の選挙スタッフから政治家生命をスタートさせました。最終的には、菅直人は彼女のもとから巣立っていったと言われていますが、もちろん、そこに男女の関係は一切なかったでしょう。

個人的に、一番その生き方に対して驚嘆するのは、管野《かんの》スガ（一八八一―一九一一年）です。彼女は一九一〇年の大逆事件で死刑になった人物ですが、非常に破天荒な人物でした。関係する男性とは、ことごとく男女の仲になってしまうし、最終的には当時の社会思想家のドンである幸徳秋水《こうとくしゅうすい》と愛人関係になってしまう。

とにかく恋愛が盛んな女性でしたが、管野スガが異性の目を引き付ける容貌だったかというと、残っている写真を見る限りは、そこまでの美人ではない。なぜこの人がモテるのかと不思議に思う部分もありますが、写真からは想像もつかないような、エネルギッシュなハンサム・ウーマンだったのでしょう。

彼女の夫の荒畑寒村《あらはたかんそん》（一八八七―一九八一年）も活動家で、スガとは和歌山の牟婁《むろ》新報社で新聞記者をしていたころの同僚でした。荒畑はスガよりも六歳年下でしたが、上京後、二人は結婚。その後、社会運動をしていた荒畑と一緒にいたところをスガも捕らえられ、一緒に検挙されます。その時、本当にあってはならないことですが、彼女は憲兵に相当暴行を受けたと言われています。

そして、彼女は先に無罪になりますが、憲兵から釈放された後、すなわち荒畑寒村が警察に捕まっている間に、妻のある幸徳秋水と深い仲になってしまうのです。こうした泥沼のダブル不倫に対しては、さすがの左翼仲間も「良くないのでは」とたしなめたそうですが、スガは聞き入れず、獄中の夫に「離婚してほしい」と手紙を書きます。

でも、荒畑もなかなか情熱的な人物で、簡単には諦めません。「出獄したら、まずスガを撃ち殺してやる」と息巻いて、ピストルを入手していたとも伝えられています。ただ、運命は不思議なもので、こうしたスガの仕打ちに荒畑は感謝しなければならない出来事が起こります。それが、大逆事件です。

当時の当局の思惑としては、社会主義者のリーダーである幸徳秋水を、なんとしてでも検挙したいと思っていた。そこで、彼が天皇暗殺を企てている理由をでっちあげ、彼を逮捕し、大逆事件を起こした。

この時に、幸徳と一緒にいたスガも捕まってしまいます。もともと、荒畑は彼の論文に影響を受けて、社会運動を始めた人物だったため、もしも、スガと離婚していなければ、この逮捕の場にいた可能性も十分にあります。ただ、自分の妻を取られたため、幸徳とは距離を置いていたことが幸いして、彼は検挙もされず、有罪にならずに済んだわけです。

ちなみに、荒畑寒村は非常に長生きして、九十三歳で亡くなります。存命中、瀬戸内寂《せとうちじゃく》聴《ちょう》に会った際に、荒畑が「この間四人目の妻を亡くした」と語ったそうです。瀬戸内が「そうですか。先生、おさびしいですね」と言ったら、「いや、いまめちゃくちゃ熱い恋をしている」と返したとか。最後まで、非常に恋多き人だったようでした。

「盛り塩」のルーツは中国の後宮にある!?

ここまでご紹介してきたように、日本は男女の恋愛について、非常におおらかな国です。お隣の国・中国を例に挙げて考えてみるとわかりますが、中国では女性の権利というものは、ほぼ考えられていません。たとえば、皇帝の妻たちが集う後宮では、男性の出入りは徹底して禁止され、完全なる男子禁制が敷かれていました。

でも、時には男手が必要になることもあります。そこで生まれたのが、宦官《かんがん》という去勢した男性たちの官吏《かんり》です。清朝末の宦官の写真は、ネットなどでも見ることができますが、何とも言えない不思議な顔をしています。

中国の後宮の女性たちは、衣食住すべてに渡って厳重な管理がなされているので、身動きが取れません。そこで生まれたのが、麻雀です。籠の中の鳥状態で暇を持て余した女性たちが、麻雀という遊びを生み出したのだと言われています。

中国の後宮由来の面白い話が、もうひとつあります。

よく、客商売をするお店などでは店頭に盛り塩をすることがありますが、一説によれば、あの風習も後宮がルーツにあるのだそうです。当時の後宮はあまりにも広いものだから、中国の皇帝が夜伽《よとぎ》に訪れる際は、牛車に乗って移動していた。すると、機転の利く妃の一人が、「自分の部屋の前に牛車を止めるにはどうしたらよいか」を考え、部屋の前に塩を盛りました。すると、塩をなめるために牛が立ち止まり、牛車が止まる。すると、皇帝も「せっかく部屋の前で止まったんだから、今夜はこの部屋に行こうか」とその妃の元に足を運んだのだとか。それが、客を歓迎する盛り塩の由来になっているわけです。

でも、こうした逸話を見聞きしてみると、中国では、どれだけ酷な環境に女性たちを閉じ込めていたのだろうと思わざるを得ません。男性が美しい女性を好むのと同様、女性側にも当然男性を選ぶ権利はある。それを認めない社会というのは、やはりどこかいびつさを感じます。中国では、後宮において皇帝以外の男性の子供が生まれることを、絶対認めないため、一切の男性の出入りを禁じていた一方、日本の宮中は、非常に寛容でした。

『源氏物語』から考える皇統継承への懸念

先ほども紹介したように、日本では「恋」に非常に重きを置いていたため、男女の恋愛がおおらかでした。天皇の妻たちが集う宮中にしても、表向きは男子禁制ですが、例外や抜け道も多かった。たとえば、その女性の親族であれば、男性でも中に入ることは可能でした。

そもそも『源氏物語』にしても、その冒頭からしてかなり問題です。主人公である光源氏《ひかるげんじ》は桐壺帝という先帝の息子で、朱雀《すざく》帝と呼ばれる現在の天皇の弟君であるという設定。いうなれば、今の天皇陛下と秋篠宮殿下のような関係です。その方が臣籍降下《しんせきこうか》して、皇族ではなくなった状態が源氏です。前の天皇の息子であり、今の天皇の弟なので、天皇家の血は濃い。ただ、皇族か一般人かと線を引くなら、源氏は一般人に分類されます。

余談ですが、平清盛《たいらのきよもり》も桓武《かんむ》天皇の子孫であり、桓武平氏と呼ばれます。源頼朝《みなもとのよりとも》も清和《せいわ》源氏と呼ばれ、元を辿れば清和天皇に行き着きます。つまり、光源氏は頼朝や清盛と同じような立場だったのです。

物語の冒頭で、源氏は藤壺《ふじつぼ》の宮という桐壺帝の妻、すなわち義理の母と不倫をします。

しかも、源氏と藤壺の宮が密通した末、男の子が生まれ、将来的には、その子供が新天皇になってしまいます。これは、普通に考えたらとんでもない話です。たとえるなら、頼朝が皇后と密通して作った子供や、清盛が密通して作った子供が、天皇になってしまったようなもの。それなのに当時の人々は誰もその大問題を指摘せず、「源氏物語は面白い」「源氏物語はすばらしい」と読んでいる。そう考えると「天皇家の万世一系は本当に守られているのか？」と、疑問に思う人も出てくるでしょう。

でも、『源氏物語』には、さらにとんでもない恋愛について、書いているくだりがあります。

当時の宮中では様々な女性が仕えていましたが、天皇に仕える女官は内侍《ないし》と呼ばれます。内侍のトップが尚侍《ないしのかみ》でした。宮中の役職というのは、基本的に「長官、次官、判官、主典」という四等官制になっています。たとえば当時の県知事である国司の場合も、長官のほかに、次官、判官、主典がいて、実質的に県知事は四人いた。つまり、どの役職にもナンバーワンからナンバー4までが存在したのです。内侍の場合は、もともとナンバー4である主典は置かれない決まりだったため、ナンバー3までいて、その下に二十人くらいの内侍たちが控えていました。ただ、平安後期から長官である尚侍は置かれなくなり、次官である典侍《ないしのすけ》が実質的なトップを占めるようになります。

天皇の一番近くにいて、お仕えの女官の中で最上位の地位にいるため、典侍は天皇と男女の仲になることが頻繁にありました。もちろん天皇には正室である皇后のほか、中宮など呼び方や待遇が違う妻たちがいましたが、そうした「天皇の妻」とは別に、天皇に仕える女官の中にも、天皇のお手付きとなる女性たちは数多くいました。その筆頭が典侍です。『源氏物語』の中で登場するのは、源典侍《げんのないしのすけ》という女性です。彼女はもともと源家のお嬢さんだったようで、当時十七、十八歳だった光源氏と恋仲になりました。しかし、当時の典侍の年齢は、なんと五十七、五十八歳！　現代では、五十代後半はまだまだ美しい女性も多いので珍しい話ではないかもしれませんが、当時はとんでもなく年上の女性だと言えるでしょう。その典侍が大層な色好みな方で、源氏と良い仲になってしまったわけです。

ただ、冷静に考えると、これはなかなか大変な話です。天皇との関係もあるのに、弟である光源氏とも付き合う。さらに、彼女には修理大夫《しゅりのだいぶ》という夫のような存在もいます。また、歴史的にみると、典侍の中には天皇の子供を産んでいる人が非常に多い。さらに言うと典侍が産んだ子どもが天皇になることも大変多い。中国の宮廷風に言えば、「絶対ほかの男と接点は持ってはいけない」とされる女性にも関わらず、夫のような存在もいる上、若い男と密通もしている。そうなると、改めて「本当に万世一系は保たれているのだろうか?」と思ってしまいます。

三人の皇子に愛された二条のしたたかさ――『とはずがたり』

でも、日本の女性たちもしたたかです。それがわかるのが、鎌倉時代、後深草院二条《ごふかくさいんのにじょう》が書いた『とはずがたり』という作品です。これは、後深草院に勤めていた二条さんという、身分の高い貴族の家に生まれた女性が書いた日記です。

後深草院二条の母は、後深草《ごふかくさ》天皇（一二四三―一三〇四年）の乳母《めのと》をやっていた人物でもあります。この当時の乳母というのは、天皇をお育てする一方、その延長線上として、天皇の初めての女性となって、手ほどきする存在でもありました。そこで、天皇は、二条に会ったとき、自分の最初の相手である乳母の面影を彼女の中に見つけます（もちろん、娘だから似ているのは当然なのですが）。そして、二条さんを寵愛する。

後深草天皇は政治的にはほぼ実績がないものの、男女の性には業の深い人でした。彼の父である後嵯峨《ごさが》天皇（一二二〇―一二七二年）は、兄である後深草天皇よりも弟の亀山天皇（一二四九―一三〇五年）を深く愛します。そして、兄ではなく弟こそが、自分の正統な後継者だと位置づける。それが発端になり、亀山天皇が率いる大覚寺統《だいかくじとう》と後深草天皇が率いる持明院統《じみょういんとう》の争いが生まれ、南北朝時代を引き起こす要因を作ります。

ただ、政治的な対立も、女性の前では何の意味もありません。ある時、亀山天皇が、後深草天皇の元で働いていた二条を見て、「兄さんのところで働いている二条という女の子は可愛《かわい》いね」と言うと、後深草天皇は「じゃあ、俺が橋渡しをしてやろう」とばかりに、亀山天皇と二条の仲を取り持ちます。

さらに、この兄弟には、性助法親王《しょうじょほっしんのう》という出家して僧侶になった弟がいます。本来は仏に仕える身ゆえ、女人はご法度《はっと》のはずですが、彼も二条に心惹かれる。すると、後深草天皇は、またもや親王と二条の仲を取り持ちます。和泉式部は二人の皇子に愛されて「浮かれ女」と呼ばれましたが、二条は三人の皇子に愛されることになり、浮かれ女どころの騒ぎではありません。

また、当時の朝廷で大変な権力を持つ西園寺実兼《さいおんじさねかね》という貴族がいたのですが、二条はこの貴族からも寵愛されています。やがて二条が妊娠するも、子供が誰の子なのかはわからない。当時の身分の高い人は、自分で子供を育てないのが当たり前だったため、二条が女の子を産んだら、西園寺の家臣たちが飛んできて、子供を引き取って、すぐに退散してしまう。その後、二条の生んだ娘は、西園寺の正妻の娘として育てられることになります。

二条は、『とはずがたり』で、当時を回想しながら「あの方（自分の娘のこと）はいまどこで何をされているのかしら」と綴《つづ》っています。この時代は、自分の母が誰なのかがわからないという事態も、よく起こっていたようです。そう考えると、ますます「万世一系は大丈夫なのか？」と考え込んでしまいます。

平安時代や鎌倉時代は、男女の恋愛に対して、いたっておおらかなものでしたし、室町時代になると、『源氏物語』は貴族の間で深く愛読されていた。でも、江戸時代のように女性の権利がぎゅっと押さえつけられてしまった時代になると、『源氏物語』の評価は、一気に変わります。実際、当時の京都の行政機関のトップである京都所司代《きょうとしょしだい》が、「『源氏物語』は文学としてはいいけれども、こういう風紀の乱れはどうかと思う」と言い出したとも言われています。

ただ、室町時代が仮に西暦一五〇〇年まで続いていたと想定してみても、日本は女性に対しておおらかだった時代の方が長い。現代の日本では無視されがちな「女性史の空白」を知ることで、いま議論されている男系天皇、女系天皇に対する議論も、少し変わって見えるのではないでしょうか。

名もなき人も含め、歴史的に非常に開放的だった男女の恋愛

貴族の恋愛は『源氏物語』から紐解《ひもと》ける部分があります。では、第3章でご紹介した石井《いしい》進《すすむ》先生の研究のように、名もなき人たちの間では男女の関係はどのように行われていたのでしょうか。

江戸時代の農村は、女性に対する圧力はあったものの、性に対しては非常におおらかな時代でした。それを表す例として、よく引き合いに出されるのが「若者小屋」の存在です。多くの地域社会では、子供に対して通過儀礼として何らかの試練を与え、無事にその試練に耐えることができたら、一人前の若者として共同体に参加することを許します。江戸時代では、この「若者小屋」に出入りが許されるのも、「大人として認められた証《あかし》」のひとつでした。

では、若者小屋で何をしていたのかというと、簡単に言えば乱交のようなもの。その代わり、結婚をすると小屋への出入りは禁止される。それが、当時の地方における男女の恋

愛の状況でした。

女性は妊娠や出産を経て、身体に変化が起きる。そのため、子供ができると、多少女性側はハンデを背負うことになりますが、地域社会では男と女が一対一で家族を作るので、妊娠によって何か差別が起こっていたとは思えません。

むしろ、民俗学でよく言われるのは、家を継げない次男や三男は、家を建てるだけの余裕がないので、嫁を貰《もら》えないことが多かったという点です。そういう次男や三男は「厄介おじ」と呼ばれ、長男の息子、つまり自分の甥《おい》っ子の世話になります。彼らには伴侶がいないため、性欲を満たすために、未亡人に夜這《よば》いに行くなどの出来事が起こります。今でも中央アジアのキルギスやカザフスタンなどでは、略奪婚などの風習も残っていますが、世界広しといえど、古今東西、人間が考えることはあまり変わらないのですね。

長らく日本は男女の性に対しては非常におおらかなお国柄でした。恋愛について、四角四面で怒るようになったのは、江戸時代の武家社会やその影響を受けた明治以降です。「日本は奥ゆかしい文化」だと口にされますが、歴史的に見ると、男女の恋愛については、むしろ非常に開放的だったと言えるでしょう。

九十年代半ばに、俳優の石田純一《いしだじゅんいち》さんが「不倫は文化だ」と発言して話題になりましたが、『源氏物語』を見る限りは、たしかに長い日本の歴史において、不倫は文化のひとつだったようです。

第8章　資料がウソをつく

——真相の空白——

「日本三大どうでもいい事件」——①下山事件、②坂本龍馬暗殺

真相を解明し得ない事件というものは、歴史上に時として起こりえます。

先日、徳川家十九代目の御当主であり、歴史研究家でもある徳川家広《とくがわいえひろ》さんとお会いしました。その際に、その方がおっしゃっていたのが「日本三大どうでもいい事件」です。

これは、世の中的には陰謀説が囁《ささや》かれる未解決事件だけれども、実は取り上げること自体がバカバカしい事件という意味です。

そのひとつは「下山事件《しもやまじけん》」です。これは、一九四九年に、国鉄総裁だった下山定則《しもやまさだのり》氏が失踪し、翌日に常磐線《じょうばんせん》の北千住《きたせんじゅ》駅と綾瀬《あやせ》駅の間で轢《れき》死体として発見された事件です。これはいまだに真相がわかっておらず、当時は戦後から数年しか経過していなかったこともあり、「GHQの陰謀ではないか」と囁かれました。ただ、僕自身は下山事件は門外漢なので、語る言葉を持ちません。

二つ目の事件は、坂本龍馬《さかもとりょうま》の暗殺事件。龍馬を研究したいと考える学生はたくさんいますが、これは司馬遼太郎《しばりょうたろう》さんが小説『竜馬がゆく』の中で、龍馬をヒーローとして描いた影響でしょう。一般的には幕末に活躍し、明治維新に一役買った志士として認知度が高い

龍馬ですが、実は、彼への歴史的な評価というものは、それほど高くありません。ゆえに、その人物が誰に殺されたのかについて、歴史的な実証をすることすら、あまり学問的な意味を認められていません。

なお、龍馬と同じ文脈でヒーローになった人物と言えば、吉川英治《よしかわえいじ》が一躍有名にした剣豪・宮本武蔵《みやもとむさし》です。ただ、彼についても、歴史的評価は芳しくなく、歴史研究者は宮本武蔵について、ほとんど見向きもしません。

ただ、僕自身は、坂本龍馬の暗殺を通じて、当時のいろんな勢力の動きをまとめることは、非常に面白いとも思っています。現在、龍馬暗殺の下手人《げしゅにん》は、京都の治安維持部隊であった京都見廻組であったというのが定説です。でも、彼を殺した黒幕として、僕が特に怪しいと考えているのは薩摩《さつま》藩です。安易にこう名指しすると、「証拠も無いのにそういう発言はするな」と怒られるかもしれませんが、僕がどうしても理解できないのは、現在、暗殺の主犯とされている京都見廻組は、新撰組以上に幕府の中枢に近い警察組織であることです。

龍馬が暗殺されたのは、大政奉還が起きた一週間後でした。龍馬は大政奉還の推進者であり、彼の強い願いは、徳川家が政治の主導権を朝廷に返還し、徳川家から明治新政府へ政権を移行し、日本の戦争を回避することでした。一見、幕府からすれば敵対勢力に感じられるかもしれませんが、龍馬暗殺の時点では、幕府も大政奉還に賛同して動いている。ならば、わざわざリスクを冒して、彼を暗殺する必要はないはずです。

さらに言えば、京都見廻組は、幕府の考えに非常に近い組織です。幕府の意向については、新撰組よりもずっと細かく熟知していたはず。それなのに、なぜ自分たちの考えと同じ方向性を持つ坂本龍馬を、わざわざ殺す必要があるのか。それが、僕の素朴な疑問です。

一方で、江戸城総攻撃もギリギリまで粘り、戦争を起こしたいと願っていたのは薩摩藩です。大政奉還をされれば、戦争の火種がなくなり、幕府を討つ大義名分がなくなってしまう。そこで、なんとしても戦端を開いてやろうと思った薩摩藩が、龍馬の存在を邪魔に思い、暗殺したのではないか。

これを唱えると「とんでもない説だ」と多くの人から言われるのですが、当時の朝廷や幕府の趨勢《すうせい》をきちんと考えれば、ありえない話ではありません。むしろ、実証に囚《とら》われすぎると、真相は闇の中に葬られてしまうのではないでしょうか。

「日本三大どうでもいい事件」――③本能寺の変の黒幕探し

そして、「日本三大どうでもいい事件」の最後を締めくくるのは、「本能寺《ほんのうじ》の変における明智光秀《あけちみつひで》の黒幕は誰だ」というものです。

これは、研究者の間では、「日本で最もどうでもいい」と言われるものの、依然として本能寺の変の黒幕探しは、非常に人気が高い。ただ、部下である光秀が織田信長《おだのぶなが》を襲った理由については、史料等もない以上、いくら考えても答えは出ません。でも、「黒幕がいたのではないか」との推測を唱える人は少なくありません。

特に多いのが、「光秀のバックには室町幕府最後の将軍であった足利義昭《あしかがよしあき》もしくは朝廷がいたのではないか」とする陰謀論です。

ただ、これら陰謀論に対して考慮してほしいのは、光秀が信長抹殺に成功した時、「俺は誰々の命を受けて、誰々のために信長を討ったんだ」とは一切主張していない点です。仮に、光秀が朝廷の命を受けていたなら、「信長こそは朝敵である」と宣言すればいいし、足利将軍家から命令されたなら、「あれは将軍の命を受けたのであって、自分の私利私欲で動いたんじゃない」と正当性を表明するはず。でも、光秀が何もそうした言葉を残していないのであれば、そこには皆に訴えるだけの正当性や黒幕は存在しなかったのではないかと考えます。

では、光秀が信長を討った理由はなんだったのか。「下剋上《げこくじょう》」という当時の風潮を考えると、「ちょっとでも上に上がりたい」という功名心があったのでしょう。

さらに、個人的に僕が考えるのは「織田信長ブラック企業説」です。日頃から、光秀は信長に思い切り酷使されていました。「もうこれ以上言うことを聞き続けるのは、体力的にも精神的にも無理だな……、今だったら上様を殺せるのでは？」と思った光秀が、後先考えずに凶行に及んだのではないかと考えます。

ただ、事件の真相については、誰も何も残していないのでわかりません。歴史研究者として語るのであれば、何らかの根拠や筋道を立て、論じるべきだとは思います。でも、歴史上の人物に対していろんな説を出し、楽しむのは、後世に生きる僕らの権利です。どんな陰謀論が囁《ささや》かれようとも、そこはまったく問題ありません。

史伝作家・海音寺潮五郎が書いた『江戸開城』

僕たちは、史料に書いてあることが、一番科学的に間違いないと考えているのですが、しかしそれは本当に正しいのでしょうか。

最近、史伝作家の海音寺潮五郎《かいおんじちょうごろう》（一九〇一――一九七七年）の話を読み、非常に驚いた出来事がありました。

史伝とは歴史小説とは違い、「歴史を伝える」仕事です。たとえば森鷗外《もりおうがい》が江戸時代末期の医師であった渋江抽斎《しぶえちゅうさい》について書いた名作『渋江抽斎』は、史伝文学の名作として高く評価されています。

また、明治から大正にかけて活躍した山路愛山《やまじあいざん》のように、昔は史伝の書き手もいたものの、昨今ではほとんど史伝作家は存在せず、大半はフィクションを取り入れて、小説として執筆されるのが主流です。

昨今は史伝の書き手がいなくなってしまったことは、非常にもったいないと思いますが、近年でいえば、『戦艦武蔵』などの歴史小説で知られる作家の吉村昭《よしむらあきら》は、史伝作家に非常に近い人物であったと思います。

さて、そんな史伝作家の海音寺潮五郎が書いたのが、『江戸開城』という一冊です。作品の冒頭は、第5章でご紹介した西郷隆盛《さいごうたかもり》から大久保利通《おおくぼとしみち》に宛てた手紙から始まります。この手紙は、実在する手紙で、大久保の書簡をまとめた「大久保利通文書」にもきちんと収録されています。

手紙が書かれた時期は、江戸城総攻撃が行われる直前。一八六八年の鳥羽《とば》・伏見《ふしみ》の戦いで徳川慶喜《とくがわよしのぶ》は討幕派に負け、明治政府に対して「謹慎する」と宣言します。この際、慶喜は上野《うえの》の寛永寺《かんえいじ》に籠《こも》っている状態です。

当初は江戸城を攻撃するという話がありましたが、慶喜が降伏した以上、江戸城を攻撃する必要はない。それで西郷と勝海舟《かつかいしゅう》の会談が行われ、江戸無血開城が実現したのは、皆さんもご存知の通りです。

「西郷隆盛はわざとウソをついている」

この直前、西郷が京都を出発する時に、大久保に宛てて送ったというのが、海音寺潮五郎の『江戸開城』の冒頭に出てくる手紙でした。

手紙に書いてあったことを端的にまとめると、西郷が考えるに、どうしても慶喜を切腹させないといけないというもの。大久保も、これに対して「あなたの言う通りだ」と答えています。

つまり、薩摩は最後まで徳川慶喜切腹にこだわっていました。ところが、長州は「そこまで謹慎しているんだったら、慶喜を許してやってもいいんじゃないか」と言っていたらしい。もしも、徳川慶喜が腹を切るとなれば、江戸にいるたくさんの旗本、御家人は抵抗します。自分の主人が切腹を命じられたら、その首を差し出して降伏するわけにはいきません。徳川慶喜を守って、江戸城にたてこもらざるを得ない。

そうなれば、当然、戦いが起きる。戦いが起きれば、江戸の町に火が放たれる可能性は高い。そうすると人口百五十万人はいたと言われ、一説によると当時世界で一番人口が多かった都市であった江戸の町が失われてしまいます。江戸の町が炎に包まれれば、再建するためのインフラ整備に大金がかかるため、明治政府は日本の新しい首都を、東京ではなく大阪に置いていただろうと考えられます。

それだけ大きな話になるにもかかわらず、西郷は、最後まで慶喜に腹を切らせることにこだわっていました。これについて、海音寺氏は何と言っているか。僕らのような歴史研究者であれば、こうした史料を見たら、素直に「西郷隆盛は徳川慶喜に腹切らせようと思っていたのだろう」と考えてしまいます。

でも、海音寺氏はこの手紙に対して、「西郷隆盛はわざとウソをついているのだ」と指摘します。海音寺氏という人は鹿児島出身で、彼にとって、西郷は一番尊敬する歴史上の人物でした。だからこそ、小説家として「西郷はその人生で、何を考えていたのか」を長年追い求めてきたとも言えます。

その彼が、「これは西郷さんの本心ではない。この手紙で西郷さんはわざとウソをついている」という結論に達した。これは、一体どういうことか。

海音寺氏が言うには、西郷さんはこの時点ですでに徳川慶喜に腹を切らせるつもりはなかった。だけど、一応大久保に手紙を送ることで、状況を相互に確認しているに過ぎないのだと。それは何十年も西郷隆盛という人物に向き合い続けてきた、類《たぐい》まれな小説家であり、時代を読む鋭敏な力を備えている海音寺潮五郎という人物だからこそ到達した理解であり、真実だったと思います。

でも、その理解については僕たち歴史研究者の場合は、まったく採用する余地がありません。西郷が残した手紙に明確に「徳川慶喜に腹切らせろ」と書いてある。そこで、彼がウソを書いているとは考えないわけです。

資料がウソをつくことはあるのか――千利休がお金の無心!?

ただ、本当に文献に残された言葉には、本当に一切のウソがなく、正しいと言えるのか。そこには、多くの疑問の余地があります。

その好例となるのが、安土桃山《あづちももやま》時代に生まれた、天下一の茶人と呼ばれる千利休《せんのりきゅう》（一五二二―一五九一年）の手紙です。利休は、多くの手紙を残しており、現在でも彼の残した手紙を読むことが可能です。彼が大量に残した手紙の中に、二通ほどおもしろい手紙がまぎれています。

それは、利休の弟子が彼に鶏肉を贈った際の返信と、弟子自身が自分の近況を伝えて利休の息災を尋ねる手紙を送った際の返信なのですが、興味深いことに、どちらの手紙でも、利休はほぼ同じことを言っている。その内容を簡単に記すと、鶏肉への御礼としては、「鶏肉なんかより私はお金がほしいです」、そして自身の近況を伝える手紙に対しては、「手紙でいくらあなたの気持ちを伝えてもらっても私には何の得にもなりませんから、お金を下さい」というもの。

これを文面通りの史料として捉えると、利休はすぐに「お金をくれ」という非道な人に見えます。でも、少し考えてみると、その説には違和感を抱くことになります。

千利休は、「美」という価値観を生み出す当代随一の総合プロデューサーでした。利休が「これはすばらしい」と一言口にすれば、どんなものでも何千両もの価値がつく。自分の力で、お金なぞいくらでも生み出せる人なのです。そんな彼が、本気で「お金をくれ」などという無粋なことを、自分の弟子に言うでしょうか。

そこで考えられるのが、この手紙には、日本最古のジョークが書かれているという解釈です。中世ぐらいまでは、人間の個性に深みがないので、手紙にユーモアを盛り込むようなことは全くといっていいほどありません。だからこそ、手紙に書かれていることにはウソはないと考え、僕ら歴史研究者たちも手紙をウソのない史料として扱います。

でも、利休が生きていた時代になると、人間の個性はもっと深化しています。さらに、利休ぐらいの感性の豊かな人であれば、このくらいウィットに富んだ手紙を書いても、決しておかしくはないのではないかと僕は思います。

そう考えると、先に挙げた海音寺氏の「西郷隆盛はウソをついている」という指摘のように、西郷が手紙の中で、わざとウソをついているという事態もあり得るのかもしれない。従来の歴史研究者たちのように「手紙に書かれていることには嘘はない」と盲目的に決めつけるのは、決して正しいことだとは言い切れなくなります。

つまり、歴史資料とは「ここにこう書いてあるから、こうなのだ」と判断するだけでは不十分であり、眼光紙背に徹すというように、様々な角度から、文章に隠された意味をより深層的に読んでいく必要がある。そう心がけない限り、「真相の空白」が生まれる事態を、我々は避けられないのです。

本当のことを言うことは、必ず正しいのか

歴史を長年研究していると「本当のことを言うことは、必ず正しいのだろうか」と考えてしまう場面が、多々あります。その一例を挙げるなら、昨今言及されることの多い、「開かれた皇室」です。

自由や平等などの感覚を大切にする我々日本人とすれば、「皇室の方々にも自由である権利はあるし、平等を担保されるべきだ」と考えたくなるものです。僕自身も、つい最近

までは「皇室は自由と平等の観点から、開かれた存在であるべきだ」とずっと思っていました。

でも、「開かれた皇室」を進めた結果、秋篠宮《あきしののみや》殿下の長女である眞子《まこ》様は、いま婚約者による、大きな騒動に巻き込まれていらっしゃる。

「開かれた皇室」の末にどんなことが起こるのか。それは考えてみると、すぐに想像できる話です。天皇家の方々といえば、日本で一番の箱入りで、人を疑うことなく、健やかに成長された、心根のきれいな方々ばかりです。周りの人間が全員善意で接しているのならばよいですが、中には善意を持たない人間が紛れ込んでしまうこともあるでしょう。

おそらく、昔の皇室にも、悪意を持つ人が近寄ってくることがあったはず。でも、その場合は、事態が白日《はくじつ》の下に晒《さら》される前に、なんらかの手段で解決が図られたのだと思います。

実のところ、つい先ごろまでは、皇室の中で起こった問題は、秘密裡《ひみつり》に処理されるのが一般的でした。のちの大正天皇である、明治天皇の皇太子・嘉仁《よしひと》親王がご結婚される際、お后《きさき》候補として内定していた伏見宮禎子《ふしみのみやさだこ》さんという少女がいました。しかし、彼女は後から「肺に病気の疑いがある」とされ、内定が取り消しになった。その際も、ごくごく内密に、現在の価値で何億円という慰謝料が、明治天皇から伏見宮禎子さんへと支払われたと伝わっています。

ところが、現在の皇室は開かれすぎている。秋篠宮殿下も、眞子様から男性を紹介された際、彼の素性をまったく調べなかったそうです。なぜなら、人の素性を調べるようなことをするのは、人間の尊厳を疑うことだから。しかし、その結果、事態は膠着《こうちゃく》状態を生んでしまいました。

世の中はそんなに単純にはできていないし、隠しておいたほうが良いこともある。「開かれた皇室」が良いとみなが思っていたものの、案外そうでもない。何もかもを白日の下に晒すのは、必ずしも良いことではないのではないかと、近年の日本人は痛感しているのではないでしょうか。

第9章　先達《せんだつ》への本当の敬意

――研究史の空白――

類い稀なる研究――「一回性《いっかいせい》」

最終章である「研究史の空白」。本章については、もはや年を取ったオヤジの愚痴として聞いていただきたいのですが、最近、研究史の質が、大きく変わってきたような気がしてなりません。

本来、研究には、二種類あると思います。ひとつは、それ自体が永遠につながる研究。研究者の中には、時に非常に優れた人物が出現することがあります。まさに「一回性《いっかいせい》」という言葉がふさわしい、「その人でなければ語れなかった」「その人でなければ生まれなかった」という類《たぐ》い稀《まれ》な考察をされる研究者は時としていらっしゃいます。そうした方の業績が永く語り継がれるものであることに、疑いの余地はありません。

たとえば、第3章でご紹介した、僕の恩師の石井進《いしいすすむ》先生は、歴史学のみならず、民俗学や考古学にも精通していました。その結果、ただの文献史学ではなく、名もなき人々の生活を、民俗学や考古学の成果を取り入れながら再現し、復元するという偉業を成し遂げられた。これが実現できたのは、様々な学問を学ばれている石井先生だからこそ。まさに、先生にしかできない一回的な仕事だったと思います。

そのほかに、類い稀な研究を残された僕の先生として、第1章でご紹介した、東京大学文学部教授であった五味文彦《ごみふみひこ》先生という方がいらっしゃいます。五味先生の場合は、歴史学のみならず、文学に非常に造詣が深い方です。そのため、人間の心、人間の精神を捉えるのがとても上手かった。

多くの歴史研究者は、日本の歴史を、政治や経済などの観点で区分しがちです。「ここまでは荘園の時代」「ここからは荘園的な土地支配ではなくて、戦国大名的な土地支配だ」などと、政治や経済で歴史を区分しながら、日本全体の歴史を語ることになります。

でも、五味先生は、文学への造詣でもって、文化という軸から古代から近代までの歴史を語り、分析していくという大仕事を、たった一人で現在も続けていらっしゃいます。もちろん文化は、政治や経済からまったく独立しているものではありません。文化を説き明かすことは、政治経済を考察することにもつながります。文化を解析することで、政治家や合戦の強い武将、お金持ちの商人などとは関係なく、名も無い民衆を主人公とした歴史にアクセスする道が開けてくる。これができるのは、五味先生だけ。まさに、先生の一回性の仕事であると言えるでしょう。

それから、いまさら指摘するまでもないほど、一回的な業績を残した研究者といえば、網野善彦《あみのよしひこ》先生が挙げられます。網野先生は、西洋史にお詳しく、ヨーロッパ的な学問の成果を取り入れながら「無縁」と呼ばれる世界についての考察を行い、土地に縛られない人々の生き方に目を向けた方です。

多くの権力者からすると、定住をして田んぼを耕作している人々のほうが、税金を取りやすいため、権力者の歴史は、定住している人々を対象として描かれることが多い。

ところが、中世では定住をせず、いろんなところにフラフラしながら生活をする（網野先生は「漂泊」という言葉を使われます）人々がいた。彼らは、農業から離れ、土地の縁に縛られず、日本各所へ行って商売をする商業的な生活をしていました。

網野先生は、こうした「商業的な民衆」というものに着目された。たとえば、能登半島の沿岸部には耕作に適した農地が少ない。ならば、民衆も貧しいのではないかと考えたところ、実際に調査に入ってみると、そのエリアでは極めて大きな家が建ち、人々が豊かな生活を営んでいることがわかった。

なぜ、農地がないのに豊かなのか。そこで、日本海交易の存在に思い至ります。日本列島において、日本海交易は極めて大きな比重を占めており、田んぼや畑を耕すだけではなく、商業活動に従事する民衆たちが存在した。それで、彼らは交易によって豊かな生活を送っていたということを、網野先生は指摘されました。

そして、網野先生の講演のタイトルに使われたのが「百姓は農民ではない」という言葉。この言葉を、歴史学的に正確に言うと「百姓は農民とは限らない」ということです。百姓とみると、すぐに僕たちは耕作をして田んぼや畑に労働力を投下し、税金を納める存在だと勝手に思い込んでいるけれども、実はそうではない。海に生きる人々もいるし、商業に生きる人々もいる。

永遠に連なる研究――「連続性」

これと同じことが、武士についてもいえます。武士と言えば、土地というものを第一の財産として考え、土地に縛られている存在だと考えがちですが、海に生きる武士も存在する。そんな風に、網野先生は、我々歴史学者が陥りがちな思い込みを打破してくれました。

数学でいうなら、網野先生の学説は虚数の世界のようなものです。既存の歴史研究者たちはプラスの話しか知らなかった。でも、実は虚数の存在を知ることで、従来考えられていた数字には、「マイナス」という倍の可能性があることを知った。そのため、僕は、網野先生の歴史観は二倍の視点でモノを見ることができる歴史観として「網野善彦の二倍史観」と呼んでいます。こうした網野先生の仕事も、極めて一回的な仕事で、網野先生でなければ成し遂げられなかったものだと思います。

ここまで挙げた先生方は、どなたも類い稀な才能を持ち、一回性の仕事、すなわちそれ自体で永遠につながる仕事を成し遂げた方々です。

では、こうした選ばれし才能の持ち主しか、永遠というものに手を伸ばすことができないのかというと、決してそういうわけではありません。凡人であっても、永遠に名を連ねることはできるのです。

そのためには、何が必要か。それは、今までの研究史をしっかりと自分のものとして受け止め、そこに、一つでいいから新しい知見を付け加えるという行為です。新しい知見は、自分だけのオリジナルの考え方であることが必須です。そして、その論に対して、誰かが反論してくるのを待つ。他者に批判され、誰かが自分の意見を乗り越えて、また新しい知見を付け加える。それを繰り返して、研究史は発展していく。そうなれば、研究史は永遠のものになります。

自分の研究は、巨大な研究史を積み重ねていく上での歯車の一つかもしれない。だけれども、先人の業績を正確に理解し、後進に伝えるという連続的な仕事の中で、極めてその中で確実な一つのピースを担うことができれば、永遠に連なる研究の一部としてずっと息づいていく。つまり、凡人であっても永遠となることができるのです。

「では、信長とは何だったのか」に答えていない研究

研究者が先人の仕事をきちんと継承すること。それは、研究の真髄であると僕は考えます。もちろん先に紹介した石井先生や五味先生、網野先生のように、「石井の前に石井なく、石井の後に石井なし」と言われるような才能豊かな人物はともかく、もしも「自分はそこまでの才はないのかもしれない」と考えるのなら、きちんと先人の仕事を踏襲して、新しい知見を得ることをすべきであると思います。

実際、僕たちは若い頃からそのように教えられ、学問を続けてきました。石井先生に言われた数々の言葉のなかで、特に印象深い言葉があります。

「他人や先輩、先人たちの仕事を単に否定するだけではダメだ。ケチをつけるのは誰でもできる。誰かの研究に対して、『変だな』と思うことはよい。でも、『変だ』と言うだけで

はなく、『じゃあ、自分はどう考えるのか』ということを答えられないとダメだ。人にケチをつけるんだったら、ケチをつけることと同時に、『自分はどう考えるか』という意見がセットになっていなくてはいけない」

おそらく石井先生は、研究史の連続性を念頭に置いて、この言葉をおっしゃったのだと思います。

だけど、最近の若い研究者には、はっきり申し上げるとその点ができていない方が多いです。たとえば、洋泉社から出ている『信長研究の最前線』『秀吉研究の最前線』などを読むと、本当に大丈夫かなと思います。

本を開いてみれば、「信長は宗教を嫌ったと言われているが、そうでもない」「残虐な行為をやったと言われるけれども、そうでもない」などという言葉が並ぶ。否定はするものの、「では、信長とは何だったのか」という問いかけには、答えていない。勇気をもって自説を述べることはしない。

それのどこが、信長の研究の最先端なのか……と、がっかりしてしまいます。

さらに言えば、周囲の先生方は「他人の研究を否定するだけの姿勢は、品がないからやめなさい」とちゃんと言うべきなのですが、おそらく言わない人が増えているのでしょうね。

先人の仕事というものに、敬意を払わない研究者が昨今あまりにも多すぎる。これを僕は非常に問題視しています。

「信長は神になろうとした」説が無視された理由

たとえば、京都大学の近世史学者として知られる朝尾直弘《あさおなおひろ》先生は、信長に言及して「信長は神になろうとした」という説を提議したことがあります。

織田信長《おだのぶなが》は本能寺の変により、四十九歳で命を落とす。しかし、その四十九年の人生の終盤に、宣教師の残した史料によれば、信長は不思議な行動をとっています。それは、どこからか石を持ってきて「これを俺だと思って拝め。ご利益がある」と言ったのです。まことに妙な行動でした。そして、この史料を見て、朝尾先生は、信長は神になろうとしていたのだと考えた。

確かに一見突飛な考えではありますが、豊臣秀吉《とよとみひでよし》は死後に豊国大明神《ほうこくだいみょうじん》という神様になりましたし、徳川家康《とくがわいえやす》も東照大権現《とうしょうだいごんげん》という神様になったことを考えると、信長ほどの人物ならば、自分が生きている時に「俺を神だと思って崇《あが》めろ」と言ったとしても、決しておかしな話ではありません。

信長は神になろうとした。これを仏教やキリスト教といった、今までの既成の宗教というものを超越するという意味で捉えるとすれば、僕の長年の疑問にも答えが出ます。僕自身の長年の疑問というのは、「もしも信長があと十年長生きしたら、キリスト教と仲良くやっていたのか。それとも、袂《たもと》を分かつのか」というもの。

信長は四十九歳で死ぬ段階においては、キリスト教に対して理解を示していました。辻《つじ》邦《くに》生《お》さんの小説『安土往還記』には、宣教師に友情を覚える孤高な信長の姿が感動的に描かれています。

ところが、信長の跡を継いだ秀吉は、バテレン追放令を出して、キリスト教を禁じた。その後、徹底的にキリスト教を否定したのは家康です。家康がキリスト教を禁じ、江戸幕府はキリスト教の弾圧を行っていくことになります。

しかし、もしも信長という一人の歴史的な人間が本能寺の変という事故で死なず、長生きしていたとしたら、彼はキリスト教と対立する道を歩んでいたのだろうかという疑問を、僕はずっと持っていました。

朝尾先生の説では、信長は晩年神になろうとしていた。自身が神になるならば、キリスト教の神も否定することになる。だから、もし僕が「信長はあと十年生きていたらどうしていたと思いますか?」と朝尾先生に質問すれば、きっと「信長はキリスト教と袂を分かつ関係になったのではないか」と答えられたのではないでしょうか。

さて、信長の宗教的なものに対する理解について、朝尾先生がすばらしい提起をしているにもかかわらず、昨今の若い歴史研究者たちは、この説を全く無視しています。きちんと批判するならいいのです。そうじゃなくて、ただ無視している。「信長は仏教をそれなりに大事にしてる」「キリスト教をそれなりに大事にしてる」などと表面的な意見は述べるものの、信長の宗教政策に対する考え方の中核に何があるのかについては、答えられない。答えられないウラ側には、「朝尾先生の説は面倒くさいから放っておこう」という本音がある。しかも、それを大人数の数の力で正当化しようとするから、非常によろしくない。

学会とは、本来、先人の説をきちんと批判するべき存在なのに、誰も批判をせず、都合の悪い説は「なかったもの」としてしまう。もっとも、朝尾先生の論に批判できるくらいの学識を持つ人がいないというのも、実情なのかもしれません。

「水《み》戸《と》光圀《みつくに》は、北朝の天皇は偽物であると考えていた」説

もう一つ、誰も批判せずに宙に浮いた状態になっている研究として、東大近世史の尾藤《びとう》正英《まさひで》先生の水戸光圀《みとみつくに》研究があります。

水戸黄門という名前で親しまれている水戸藩主の徳川光圀《とくがわみつくに》（一六二八―一七〇一年）ですが、彼は非常に朝廷を尊敬し、天皇を崇拝した方です。戦前から徳川光圀、すなわち水戸黄門といえば勤皇家、尊皇家ということで有名でした。

だけど、尾藤先生はこれを真っ向から否定する論文を書かれた。その内容は、光圀の「南朝正統」発言を紐解《ひもと》き、「実は水戸光圀は、北朝の天皇はみな偽物であると考えていたのではないか」という説でした。

南北朝時代は、六十年間に渡って、南朝と北朝に朝廷が分かれ、京都に一人、吉野に一人と二人の天皇がいました。中世の貴族や知識人は京都にいる天皇を正統なるものと考えました。誰も南朝の天皇が正統だとは考えもしません。

ところが、光圀だけが「南朝が正統だ、吉野の天皇だけが本当の天皇だ」と言い出した。そして光圀の解釈は水戸学に受け継がれ、幕末の頃、その思想は勤皇の志士である吉田松《よしだしょう》

陰《いん》や西郷隆盛たちに大きな影響を与えました。

そのため、明治新政府は、「正統な天皇は南朝である」との立場に立ちました。これは、従来の「北朝こそ正統である」という朝廷の常識を百八十度転換する説でした。この説は、幸徳秋水《こうとくしゅうすい》が大逆事件を起こした時、裁判の時に言い放ったと言われる「今の天皇は北朝の天皇の子孫だから偽物。偽物を殺して何が悪いんだ」という理屈へとつながっていきます。

なぜ光圀は、徳川家でありながら「勤皇思想」に傾いたのか

従来の研究者たちは、水戸光圀は天皇を重んじただけでなく、自分の子ども、そして家臣たちには、「万が一天皇と将軍が戦うようなことがあったら、水戸藩は天皇の味方をするように。天皇に属して戦うように」と言い含めていたほど、強い尊王思想の持主だったと考えてきました。徳川家の一員でありながら、光圀がなぜそこまで勤皇思想に傾いたのか。それは、光圀自身は、徳川家の人間であることを、あくまで個人の事情であると考えていたからです。本来、大名や武士は、天皇を守るために存在している。仮に天皇と将軍が対立するなら、大名や武士は一も二も無く天皇の味方として馳せ参じるべしと考えてい

たのです。

けれども、と尾藤先生は疑問をもつのです。本当に水戸光圀はそう思っていたのだろうか？　実際に幕末における水戸学では、光圀は「将軍よりも天皇である」と考える尊皇派であると考えられてきました。ただ、彼が「南朝正統」を言い出したということには、違う意図が隠されていたのではないか。つまり、光圀は、「南朝が正統であり、北朝は偽物である。京都の天皇は北朝の子孫だから、今（光圀にとっての今）の天皇、あるいは朝廷というのは偽物だ」ということを言いたかったのではないか。そう、尾藤先生は言われるのです。

もしそうならば、天皇と将軍が戦った時に「天皇の味方につけ」なんてことは、水戸光圀は絶対に言わないはずです。当然、天皇家と将軍家が争うことがあれば、光圀は武士たちに「偽物の天皇のためになぞ、戦えるか！　徳川家のために戦え」と伝えるはずです。

尾藤先生は水戸光圀の態度を、そのように理解した。これは、光圀の評価を百八十度変える新説です。さらに言うと、水戸学が「天皇を大事にしよう」と言ったのはいつなのかを研究すると、実は光圀の時代ではないことがわかります。

水戸学には前期と後期があります。十七世紀半ばに水戸光圀を中心として生まれた水戸学は、前期水戸学。そして、十八世紀後半に始まったのが、後期水戸学。この後期水戸学において存在感を発揮したのが、西郷隆盛の師匠格である藤田東湖《ふじたとうこ》の父、藤田幽谷《ふじたゆうこく》という思想家です。彼が台頭してきた際、水戸学の思想として強く尊皇を打ち出した。その結果、「水戸学といえば尊皇」という色合いを強めていきます。

このように後期水戸学の影響で、水戸学には尊皇のイメージが強まるものの、前期水戸学は尊皇思想とは無縁である。そう、尾藤先生は指摘されたのです。

女性史では、「招婿婚《しょうせいこん》」の研究も忘れ去られようとしている

この驚くばかりの名論文に対しては、いまだに反論は出ておらず、まったく宙ぶらりんの状態です。だからといって定説として定着しているとも思えません。近世史の研究者に聞いてみても、「どうなっているんだろう?」と答えるばかりで、まったく捗々《はかばか》しくない。目下、大半の研究者はこの問いに対して、答えられません。

このように宙ぶらりんになっている研究というものは、他にもあります。第７章でご紹介した高群逸枝《たかむれいつえ》先生の招請婚《しょうせいこん》の研究も、広く言えば、そう分類できるかもしれません。高

群先生は女性史の研究者でもあり、女性解放運動にも積極的に関わった方でした。

だけど、現在、女性史の中では、高群先生の研究もまた忘れ去られようとしています。古代の結婚形態には「男性が女性の所に通う結婚」があった。では、嫁取り婚のように、女性が家に入る婚姻形態はいつから始まったのか。そして、「家」を考えた際、なぜそうした変化が起きたのか。それらについては、歴史史料は豊富にあるため、論じることはできるはずです。でも、こうした高群理論に根本的な部分からぶつかろうとする研究者は、いまだ出てきません。

朝尾先生の信長の理解、尾藤先生の水戸光圀の理解、そして高群先生の招婿婚の理解などは、きちんと批判されぬまま、次第に故意に避けられ、無いものとして扱われているように思います。これは、決してフェアな態度だとは言えません。

先人の研究を無視し、その部分を「空白」にしてはもったいない

先ほど言及した、石井先生や五味先生や網野先生のような偉大な研究者の仕事に対して、自分が違和感を抱く部分を確認し、批判したり受容することは非常に困難を極めます。た

だ、「大変だから」という理由で、先人の研究を無視し、自分に都合の悪い考え方を無視する傾向が、最近の学会では多いような気がします。

たしかに一回的な賢者の仕事は、賢者ならぬ身には受け継ぐことのできない部分が多々あるでしょう。でも、先輩たちが残した業績は、現代の研究者たちが受けとめ、最大限生かすべきだと思います。

一回的な仕事ができるタイプではないとしても、亀のように歩みは遅くとも、地道に積み上げていくことはできる。ただ、そのためには、先輩の業績をきちんと評価し、反論しながら、継承していくことが必要になります。

それは、すぐれた学者が残した一回的な研究を、しっかりと学問の脈絡の中に位置づける意味合いもあるし、先人の仕事ぶりを生かすも殺すも自分次第であるということ。先人の研究を無視し、その部分を空白にしてしまっては、もったいないということを、僕は最近強く思っています。

「ググれカス」ではない参考文献リスト

本を書くたび、僕がよく受ける批判があります。それは、「本郷の本には、巻末に参考文献が載っていない」というもの。

でも、この批判について、この場を借りて、反論させてください。

そもそも参考文献を巻末にあげるのは、いったい何のためなのか。

「僕がこの本を書くとき、特に参考にしたのはこの本ですよ」と示唆するためのものであれば、僕が巻末に参考文献を書かないのは、それだけ僕がこれはどうしても、と参考にするものが無いということを言っているのに等しいのです。

また、もしも「この人の意見を参考に、この説を考えた」という部分があれば、それは本文中に全部書き記すようにしています。ですから、「参考文献がない」という批判には、当たらないのではないかと考えます。

また、「この本で書いたテーマについて、より深く考えるためには、こういう参考文献があります。ぜひ読んでみてください」という本の紹介のためであれば、別に参考文献を書く必要はない。

「ググれカス」ではありませんが、インターネットのような便利な道具がある以上、自分で調べようと思えば、そうした読むべき文献はいくらでも見つかります。「この時代のこの事件を勉強するなら、僕の本以外にもこういう本がありますよ」と示唆するためだけの参考文献リストは、何の役にも立ちません。

僕が考えるに、参考文献とは、自分が先輩や先人の意見と向き合い、「これは乗り越えていかなくてはいけない」「これはすばらしいから受け入れたい」と心から思い、刀と刀を切り結ぶような厳しさを持って挑みたいと思える研究に出会ったときにこそ、真に必要になるものです。オリジナリティが発現するときにのみ、提示されるべきものです。

先人の仕事に真の敬意を表することのないままに、体裁を整えるために数をそろえて巻末に記載したとしても、それは参考文献とは呼べないのではないか。そのように、僕は思います。

本郷和人（ほんごう かずと）

1960年、東京都生まれ。

東京大学史料編纂所教授。

専門は、日本中世政治史、古文書学。『大日本史料　第五編』の編纂を担当。

著書に『日本史のツボ』『承久の乱』（文春新書）、『軍事の日本史』（朝日新書）、『乱と変の日本史』（祥伝社新書）、『考える日本史』（河出新書）。監修に『東大教授がおしえる　やばい日本史』（ダイヤモンド社）など多数。

装幀：小栗山雄司
写真：近藤　篤

扶桑社新書 317

空白の日本史

発行日 2020年1月1日　初版第1刷発行
2020年8月10日　第6刷発行

著　　者……本郷 和人
発 行 者……久保田 榮一
発 行 所……株式会社 扶桑社
〒105-8070
東京都港区芝浦1-1-1 浜松町ビルディング
電話 03-6368-8870（編集）
03-6368-8891（郵便室）
www.fusosha.co.jp

DTP制作……株式会社 Office SASAI
印刷・製本……株式会社 廣済堂

Printed in Japan　ISBN 978-4-594-08368-7

中国人民解放軍の全貌
習近平 野望実現の切り札

渡部悦和

過大・過小評価の著しい中国人民解放軍。秘密のベールに包まれた軍隊は、今どういう状況なのか？ 元陸将で同軍分析の第一人者が、最新情報を基に全貌を白日の下に曝す！

■本体九〇〇円＋税

265

東大教授が挑むＡＩに「善悪の判断」を教える方法
「人を殺してはいけない」は"いつも正しい"か？

鄭 雄一

「一人殺せば悪人で、百万人殺せば英雄」というフレーズはなぜ出てくるのか？ ロボットに「道徳」を搭載すべく、韓非子からアドラー、サンデルまで、古今東西の思想を大胆に横断！

■本体八〇〇円＋税

267

なぜ日本の「ご飯」は美味しいのか
韓国人による日韓比較論

シンシアリー

累計五〇万部突破！シリーズ初の日本旅行記！弁当を「縦」に入れる韓国のコンビニ、「平」に入れる日本のコンビニ……など、日本人が当たり前すぎて気づかなかった日本のすばらしさ！

■本体八〇〇円＋税

252

一生働く覚悟を決めた女性たちへ
～仕事を楽しむ技術～

古川裕倫

なぜ仕事を楽しめないのか、部下を持つときの心がけ、上司は女性部下に何を求めるか、など。三井物産などで管理職歴25年の著者が提言する、女性のための一生もののキャリアの作り方。

■本体七四〇円＋税

095

日本人が知らない満洲国の真実
―封印された歴史と日本の貢献―

宮脇淳子
【監修】岡田英弘

満洲国とは何か。その意義を朝鮮やモンゴル、三国干渉の露・仏、独、また英・米……と国際関係のなかで捉え、読み解くことで日本人の国家観、民族観、アジア観を問い直す。

■本体八八〇円＋税

257

扶桑社新書